LOUIS HAGEN
Kolumne fürs Leben

Zwei Minuten für die Seele

Geschichten, die uns berühren
und glücklich machen

Inhalt

3

Finden Sie heraus, wo das Glück auf Sie wartet

Er war der vielleicht berühmteste Liebhaber Hollywoods, und er sagte etwas, das so banal klingt, als wäre es von Herrn Lehmann von nebenan: „Glücklich ist der Mensch, der weiß, dass jemand seinen Schritten lauscht, wenn er nach Hause kommt." Clark Gable, der Herzensbrecher aus „Vom Winde verweht", dem erfolgreichsten Liebesfilm aller Zeiten, sprach Millionen Menschen mit diesem Satz aus der Seele. Verkürzt bedeutet er: Wie schön, dass es dich gibt. Und wie traurig, wenn es anders wäre.

Aber auch: Es ist eine Gnade, nicht alleine sein zu müssen.

„Die Einsamkeit breitet sich in Deutschland aus wie eine Epidemie", sagt der Ulmer Psychiater Manfred Spitzer. Wer einsam ist, erkranke häufiger als andere Menschen an Krebs, an einem Herzinfarkt, Schlaganfall, an Depressionen oder Demenz. Und 100 Freunde bei Facebook ersetzen nicht einen Freund im wahren Leben.

Wenn man mich fragt: Was ist das Glück?
So kann ich keine Antwort geben;
als die, dass du zu mir kämst zurück,
um so wie einst mit mir zu leben.

(Theodor Storm)

Einsamkeit ist ein Phänomen seit Jahrtausenden. Mancher Mensch hat ein großes Feuer in seiner Seele, fand der Maler Vincent van Gogh. Doch niemand kommt, um sich daran zu wärmen.

Shakespeare dichtete: *Der Kummer, der nicht spricht, nagt leise am Herzen, bis es bricht.*

Was kann man tun gegen den Schrecken Einsamkeit?

Machen Sie sich, liebe Leser, bitte klar: Da draußen gibt es viele Menschen, die auch einsam sind. Aber einsam sein heißt nicht zwingend alleine sein.

Es ist nicht schwer, neue Menschen kennenzulernen. Gehen Sie dahin, wo welche sind. Vielleicht müssen Sie sich ein bisschen mehr anstrengen als früher.

Versuchen Sie es. Warum nicht gleich heute? Wenn Sie es nicht ausprobieren, werden Sie nie erfahren, wo das Glück auf Sie wartet.

Bundesgesundheitsminister Jens Spahn hat davon gesprochen, dass Ärzte und Apotheken auf dem Lande ein Stück Heimat für viele Dorfbewohner sind und das auch bleiben müssten. Vielleicht würde er zustimmen, wenn man sagt, es seien auch Orte für einsame Menschen, die sich austauschen wollen.

Verlieren Sie keine Zeit.
Sagen Sie es jetzt!

Die Zeit? Sie ist Magie in unserer Welt. Die fünf Minuten, die ich an der Supermarktkasse warte, sind nicht dieselben wie jene, in denen ich dem Lachen meiner Nichte lausche.

Die Zeit begleitet uns auf jeder Reise. Sie erinnert uns an das, was war. Sie kann nie angehalten werden. Deswegen wollen wir sie uns oft sparen, manchmal totschlagen. Alle hätten gern mehr von ihr. Manche würden sie lieber ein paar Stunden oder Tage vordrehen: Wo ist die Zeit geblieben? Der Volksmund weiß: „Wer nicht kommt zur rechten Zeit, muss nehmen, was übrig bleibt." Und Wilhelm Busch spottete: „Einszweidrei im Sauseschritt. Läuft die Zeit; wir laufen mit."

George Orwell, der englische Schriftsteller, der den berühmten Zukunftsroman „1984" schrieb, sagt: „Die Zeit vergeht nicht schneller als früher, aber wir laufen eiliger an ihr vorbei."

Ist es so? Oder nehmen wir uns nur nicht mehr die Zeit, die wir brauchen?

Als mein Sohn klein war, sollte ich ihm eine Geschichte vorlesen. Er wollte die Seiten umblättern und so tun, als könne er lesen. Aber als es so weit war, klingelte das Telefon. Ich hatte keine Zeit.

Als meine Kinder groß waren, wollten wir alle zusammen sonntags einen Familienausflug mit dem Fahrrad machen. Wir wollten unsere eigene Stadt erkunden.

Doch einer musste zum Fußballtraining, der andere fühlte sich nicht gut. Und außerdem „läuft es uns ja nicht weg", sagten wir uns. Nächste Woche geht es ja auch noch. Es wurde nie was mit der Fahrradtour. Keiner hatte Zeit.

Als ich älter war, wollte ich mich mit meinen Eltern Weihnachten zusammensetzen und ihnen sagen, wie sehr ich sie lieb habe. Auf einmal stand aber ein Nachbar vor der Tür und wünschte uns ein frohes Fest. Und als er weg war, wollten alle ihre Geschenke, das Gespräch mit meinen Eltern fiel aus: keine Zeit!

Den Trägen hängt die Zeit wie ein Stein um den Hals. Den Geschäftigen rinnt sie durch die Finger. Den Jungen vergeht sie wie im Fluge. Die Alten möchten sie immer festhalten. Wir flehen um Zeit. Wir verfluchen sie. Wir vertreiben und verplempern sie. Ist sie unser Freund oder unser Feind? Wir wissen nur wenig von ihr. Die Erinnerung hilft uns, nicht zu vergessen.

Nehmen Sie sich die Zeit, um zu sagen, was Sie immer sagen wollten.

Verlieren Sie keine Zeit. Sagen Sie es jetzt!

Fast jeder zweite Deutsche findet laut einer Umfrage, dass er zu wenig Zeit für sich selber hat.

Hören Sie nie auf, an die (große) Liebe zu glauben

Wenn wir den Fernseher anmachen oder durchs Internet klicken, wird uns das Gefühl vermittelt, die große Liebe zu finden sei wahnsinnig leicht. Alle elf Sekunden verliebt sich jemand, heißt es da. Das ist schneller, als einen freien Parkplatz nach Feierabend in der Großstadt zu finden. Und das soll dann Liebe sein?

Was für ein Quatsch! Wer längere Zeit Single ist, weiß das. Eine neue Liebe ist wie ein neues Leben. Man muss sich schon hinterfragen oder gar wie ein Freak fühlen – was stimmt mit mir nicht, wo es doch so verdammt einfach scheint, eine neue Liebe zu entdecken. Oder ist das Finden gar nicht das Problem, sondern vielmehr das Zulassen?

Obwohl wir über Instagram inflationär Herzchen vergeben, ist es viel schwieriger geworden, in der Wirklichkeit sein Herz zu verschenken. Vielleicht weil wir immer seltener im echten Leben unterwegs sind? Mehr aufs Handy schauen als auf unser Gegenüber?

Und wann weiß ich, dass es die große Liebe ist? Wer sagt es mir? Dichter können dieses Gefühl so wunderschön in Worte fassen.

Zum Beispiel Goethe:
„Ein Blick von dir, ein Wort
Mehr unterhält
Als alle Weisheit dieser Welt.“

Oder Oscar Wilde:
„Liebe ist nur ein Wort, aber sie trägt alles,
was wir haben. Ohne sie wäre die Welt leer.“

Am schönsten Shakespeare im „Hamlet“. Bitte lassen Sie,
liebe Leser, sich jedes Wort auf der Zunge zergehen:
„Zweifle an der Sonne Klarheit,
Zweifle an der Sterne Licht.
Zweifel', ob lügen kann die Wahrheit,
Nur an meiner Liebe nicht.“

Alle drei sagen uns: Hört nie auf, an die Liebe zu glauben. Sie kann uns jeden Tag erscheinen. Manchmal überraschend, manchmal, weil wir es so wollen. Eine Formel
gibt es nicht. Auch keine für elf Sekunden. Wir müssen
uns für die Liebe öffnen, bereit sein für sie. Mit dem Herz
statt mit dem Kopf durchs Leben gehen. Liebe kann immer groß sein. Und immer neu. Auch wenn sie uralt ist.
Wie der älteste Liebesbrief der Welt. Er ist in Keilschrift
geritzt worden – vor 3.000 Jahren: *„An meine liebe Bibi:*
Ich bin nach Babylon gekommen, habe dich aber nicht
gefunden. Ich war sehr enttäuscht. Im Frühlingsmonat
Marschewan sollst du kommen. Mögest du nur meinet-
wegen ewig leben!“

Ob die beiden einander gefunden haben, wissen wir nicht.
Aber Sie, liebe Leser, haben noch die Chance auf Ihre
große Liebe. Vielleicht sogar schon heute.

Mehr als zwei Drittel der Deutschen glauben laut einer
Umfrage an die Liebe fürs Leben.

11

Lasst sie stehen –
die Säulen der Erinnerung

Ein Blick, eine Farbe, ein Klang. Der Geruch von frisch gemähtem Rasen, eine Litfaßsäule mitten in der Stadt: Unsere Erinnerung kommt, wenn wir nicht mit ihr rechnen. Sie ist plötzlich da, kündigt sich nicht an. Erinnerung ist der einzige Garten, aus dem wir nicht vertrieben werden können.

Oder doch? Nach 150 Jahren soll sie abgeschafft werden – die gute alte Litfaßsäule. In Berlin werden gerade 2.500 teils historische Säulen aus dem Boden gerissen. Neue, digitale City-Light-Boards sollen sie ersetzen. Aber kann man ersetzen, was ein Stück von einem selbst ist?

Ich war zwölf, als Brigitte Bardot mit dem Filmplakat „Und immer lockt das Weib" meine noch sehr jugendliche Fantasie anregte. Ich ging jeden Morgen an BB vorbei, es war kurz vor acht Uhr, und die Litfaßsäule stand neben unserer Schule. Es war schwer, an den Unterricht zu denken. Und im Unterricht war es noch schwerer, nicht an die Litfaßsäule zu denken.

Guckt man sich heute die Filmplakate von 1956 an, möchte man schmunzeln: Die Erotik hält sich in Grenzen, man sieht nichts, was man heute nicht direkter sieht. Es sind relativ grobe Zeichnungen mit dramatisierten Gesichtern. Curd Jürgens zum Beispiel guckt überstreng, die Bardot erscheint verklärt mit dem berüchtigten Schlafzimmerblick (so sagte man damals, was immer es meinte).

Und doch: In meiner Erinnerung war dies das geheimnisvolle Land, das ich noch nicht betreten hatte. Das alles versprach – irgendwann, wie und mit wem auch immer – etwas Unbekanntes, wonach ich mich unendlich sehnte.

Und diese Fantasie zwischen Tagtraum und Nachtqual wurde erweckt von einem merkwürdigen Ding, das 1820 ein Druckereibesitzer namens Litfaß erfunden hatte. Es ist drei Meter hoch und hat vier Meter Umfang. Auf ihm standen die Dinge, die für uns wirklich wichtig waren: Welche Band spielt wo? Gibt es Konzerte mit Karajan? Welche Sportveranstaltungen laufen diese Woche? Und mich als Berliner interessierte besonders: Wann kommt das nächste Avus-Rennen?

Es gibt eine Bewegung zum Erhalt der Litfaßsäule. Wie schön! Was so lange das Bild unserer Städte geprägt hat, kann nicht plötzlich schlecht sein. Damit es nicht so wird, wie es der Dichter Rudolf Borchardt – so schwermütig – formuliert hat: *„Hinter uns verwildern Jahre wie geliebte Gärten, die Welt wächst lautlos zu. Wo wir uns wenden, um die Stapfen unserer Füße zu suchen, hat sich das Gras wieder aufgerichtet."*

Deshalb: Lasst sie stehen – die Säulen der Erinnerung!

Vom Zauber,
zu Hause zu bleiben

Wissen Sie, was Staycation ist? Ich wusste es auch nicht. Bis es mir vor ein paar Wochen mein Sohn erklärte. #Staycation bedeutet, im Urlaub zu Hause zu bleiben. Und wenn man gefragt wird, wo man seine Ferien verbracht hat, kann man eben dieses Wort benutzen.

Früher sagte man, „Urlaub auf Balkonien". Es gab nichts Spießigeres. Und Freunde fragten mitleidig: „Zu mehr hat es nicht gereicht?"

Heute kann ich sagen, #staycation ist mehr als nur ein Modewort. Es ist Ausdruck für ein Lebensgefühl: das Wunder, sein Zuhause neu zu erleben.

Du siehst deine Stadt, deine Umgebung völlig anders, wenn du nicht arbeitest. Der Italiener nebenan mit dem kleinen Mittagstisch – wusstest du, was für eine leckere Pasta der hat? Nein, denn du isst ja mittags sonst in der Kantine.

Wusstest du, was du für ein Abenteuer auf dem Fahrrad erleben kannst, wenn du an den kleinen Fluss fährst, den du sonst nur vom Wochenende kennst: keine Menschen, kein Trubel, kein Lärm. Du kannst auch in einem See schwimmen gehen, wenn sonst keiner da ist. Du hast ihn ganz für dich allein.

Und warum nicht mal was ganz Ausgefallenes? Meine Kollegin Dorothea hat im Wald nebenan eine Wildkräuterwanderung mitgemacht. Sie ahnte gar nicht, was alles Essbares am Wegrand wächst.

Und wissen Sie, was am tollsten ist, wenn man #staycation macht? Du kommst abends wieder dorthin, wo du es am Schönsten findest – nach Hause. Alles, was du magst, hast du ja: Du kannst frühstücken, wann du willst und was du willst. Du kannst um elf Uhr morgens fernsehen und musst nicht an den Pool gehen, wo die Leute schon ab sechs Uhr ihre Liegen mit Handtüchern belegt haben. Keiner guckt blöd, wenn du nicht bei der Wassergymnastik mitmachst. Du musst nicht mitsingen, wenn der Animateur dich auf die Bühne holt. Und abends kannst du anziehen, was du willst.

Du musstest keine Koffer packen. Du hattest keinen Stress mit der Urlaubsplanung. Und du kannst auch nicht enttäuscht sein, weil das Hotel eine Enttäuschung war.

Damit Sie mich nicht missverstehen: Urlaub ist, wie der Volksmund weiß, die schönste Zeit des Jahres. Und natürlich gilt das für Reisen an die See, in die Berge, in fremde Länder oder in den Schwarzwald. Aber dieser besondere Zauber: Sachen erleben, die du schon tausendmal gesehen hast und sie ganz neu empfinden – das geht nur daheim. Und die Umwelt schont es auch.

Mein Sohn übrigens, der mir das Wort #staycation erklärt hat, war dieses Jahr auf Mykonos. Er schrieb mir per WhatsApp: „Papa, du bist langweilig – wie kann man nur zu Hause bleiben?"

Als Fleisch essen noch etwas Besonderes war ...

Wissen Sie, wann Gläser wie Glocken klingen? Wann man diesen Ton buchstäblich wie schöne Musik vernimmt? Das geschieht, wenn Sie fasten, so ab dem sechsten Tag. Ich habe Heilfasten mehrfach versucht, weil es gesund sein soll. Abgesehen, dass es eine interessante Erfahrung ist, ist mir eines in Erinnerung geblieben: Nie sonst wird einem bewusst, wie wichtig schönes Essen und Trinken eigentlich ist.

Der Mensch träumt oft von Dingen, die er nicht hat. Es war nicht nagender Hunger, an den ich bis heute denke. Es ist das Lebensgefühl, das ich mit einer gepflegten Mahlzeit verbinde. Essen und Trinken mit Freunden: *„Reich mir mal das Brot rüber, noch einen Schluck Rosé, wer will Nachtisch?"*

Einmal in der Woche mittags um eins gab es bei meiner Oma Sonntagsbraten. Es war (in meiner Erinnerung) oft Geflügel, zum Beispiel ein gewaltiges Huhn mit krosser Haut, dazu Kartoffeln mit viel Sauce. Abends wurde der Knochen zerpflückt und mit Stulle gegessen. Kein Fitzelchen blieb am Gerippe. Was für ein Festschmaus für die ganze Familie!

Warum ich das alles erzähle? Es wird jetzt viel über Fleischkonsum gesprochen. Nützt weniger Fleisch der Umwelt, wie viel darf ich essen, wenn ich die Natur schützen will? Muss ich ganz auf Fleisch verzichten?

Ich erwähne meine Großmutter deshalb, weil sie aus einer Generation stammte, in der man ein natürliches Gefühl dafür hatte, was wann auf den Tisch kam. Und vor allem, wann man Fleisch aß.

In der Woche gab es oft Suppe, abends immer Stullen. Man trank ein Glas Bier. Am Sonntag aber, als die Familie zusammenkam (Oma war Witwe), wurde getafelt, was der Tisch hielt. Und da stand immer ein „ordentliches Stück Fleisch", wie man sagte: Kassler oder Schweinebraten, Kalbsbrust, Tafelspitz. *„Es wird zu Recht ein guter Braten, gerechnet zu den guten Taten"*, dichtete Wilhelm Busch.

Es war beim Fleischer liebevoll ausgesucht. Man wusste genau, welches Stück man für welchen Braten brauchte und wie viel. Weggeworfen wurde nichts. Fleisch war etwas Besonderes, und man behandelte es auch so.

Wenn Großmutter mir in ihrer Schürze die Tür öffnete, gab es ein flüchtiges Küsschen: keine Zeit, komm rein! Es duftete in diesem Haus wie heute zu Weihnachten. So haben wir es auch empfunden – das besondere Essen zur besonderen Gelegenheit.

Und vielleicht ist das auch die Botschaft von Generation zu Generation: Genießt und achtet das Besondere. Fleisch ist etwas Besonderes. Kauft und esst mit Bedacht.

Ich glaube, das könnte mir meine Großmutter hinüberrufen in unsere Zeit. Manchmal braucht man keinen Wissenschaftler. Es genügt der gesunde Menschenverstand.

Lassen Sie uns genießen, was die Welt jetzt bietet

Keiner hat es schöner gesagt als Kurt Tucholsky: „Eines Morgens riechst du den Herbst. Es ist noch nicht kalt, es ist nicht windig; es hat sich eigentlich gar nichts geändert und doch alles."

Sie haben es sicher auch gemerkt: Plötzlich ist es in der Frühe so erfrischend. Nachts kann man wieder durchschlafen. Wenn man das Fenster aufmacht, kommt auch wieder Luft rein. Die ersten Eicheln knallen auf die Autodächer.

Die Sommersonne brannte auf der Haut, die Herbstsonne streichelt sie. Jetzt werden die Tage wieder kürzer und die Nächte länger. Es beginnt die Zeit der Gemütlichkeit: Pilze sammeln, Kürbissuppen, Schluss mit dem ewigen Salat – kleine Schwachstellen lassen sich jetzt durch bequeme Kleidung besser verhüllen.

Wissen Sie, was auch toll ist: Sie müssen nicht rausgehen, weil *„heute so ein schöner Tag ist"*, nur um das eigene Gewissen zu beruhigen. Nun ist die Zeit für Kino und die Zeit zum Fernsehen, eingekuschelt auf der Couch. Zeit zum Nichtstun.

Irgendwie hat man das Gefühl – wir haben es geschafft. Irgendwie schätzt man den Sommer, weil er vorbei ist. (Jetzt kriegt man 30 bis 50 Prozent Rabatt auf Sommerklamotten.)

Man kann sich wieder mehr mit sich selber beschäftigen, ohne Fomo, wie es in den sozialen Netzwerken jetzt gerne heißt. Es bedeutet: Fear of missing out (Angst, etwas zu versäumen), wie mir meine Social-Media-Kollegin Katja erklärt hat. Im Sommer ist immer Party: Immer online, immer auf Achse, immer durchgeschwitzt.

Jetzt ist Zeit zum Innehalten: Habe ich geschafft, was ich mir im Frühjahr vorgenommen habe? Habe ich meine Ernte eingefahren? Wie einst *„Herr von Ribbeck auf Ribbeck im Havelland. Ein Birnbaum in seinem Garten stand, und kam die goldene Herbsteszeit und die Birnen leuchteten weit und breit, da stopfte, wenn's Mittag vom Turme scholl, der von Ribbeck sich beide Taschen voll …"* (Theodor Fontane).

Und jeden Herbst, noch lange nach Herrn von Ribbecks Tod, wiederholt sich der Kreislauf. Der Baum trägt Birnen, Kinder kommen vorbei, und er zieht sie in seinen Bann. Herbstgedanken.

Es gibt keine Jahreszeit, die Menschen so nachdenklich macht wie die jetzige. Man spricht deshalb auch vom Herbst des Lebens. „Wer jetzt kein Haus hat, baut sich keines mehr. Wer jetzt allein ist, wird es lange bleiben, wird wachen, lesen, lange Briefe schreiben und wird in den Alleen hin und her unruhig wandern, wenn die Blätter treiben", dichtete Rilke.

So weit sind wir aber noch nicht. Lassen Sie uns doch genießen, was die Welt jetzt bietet: Farben wie von der Natur gemalt; Kinderlachen im raschelnden Laub; Luft, die nach Erde riecht. *„Der Herbst ist immer unsere beste Zeit"*, wusste schon Goethe.

Sind Sie bereit für Ihren nächsten Glückstag?

Es war wieder so weit gestern, Freitag der 13. Der Schicksalstag, den so viele fürchten. Und wieder – Gott sei Dank – ist nichts passiert.

Warum rührt uns ein Datum so an? Wie ist es möglich, dass wir plötzlich an etwas denken, das sonst im Verborgenen bleibt? Die Antwort: Es ist das Wissen um unsere eigene Endlichkeit. Wir können alles beeinflussen, nur unser Schicksal nicht.

Lassen Sie uns diese Woche anschauen: Da nimmt die ganze Welt Anteil daran, dass Schumi in einer Pariser Klinik einer Stammzellentherapie unterzogen wird. Übersetzt heißt das: Mensch, vielleicht gibt es doch noch Hoffnung für diesen Mann, der sein Schicksal nicht verdient hat. Er war und ist einer von uns. Und im Hintergrund schwingt: *Was ihm passiert ist, hätte mir auch passieren können.*"

Nur einen Tag später: Die Ministerpräsidentin Schwesig bekennt: *Ich habe Brustkrebs.*" Sie will ihre Parteiämter auf Bundesebene niederlegen. Auch diese Nachricht erschüttert uns, weil sie so unvermittelt und unvorhergesehen kommt. Wir sind berührt, weil Manuela Schwesig in diesem Moment auch eine von uns ist. Eine schwere Krankheit kann eben jeden treffen. Frau, Mann, Kind. Wir hoffen mit ihr, auch wenn die meisten sie nicht persönlich kennen. Wie bei Schumi.

Das Schicksal pflegt seinen eigenen unberechenbaren Rhythmus. *„An den Scheidewegen des Lebens stehen keine Wegweiser"*, bemerkte Charlie Chaplin, der Mann, der als Komiker in die Geschichte einging.

Es war Weihnachten vor zehn Jahren. Meine Mutter rief mich an und sagte: *„Es geht mir nicht gut."* Sie war 79 Jahre alt. Sie war mehr oder weniger ohne gesundheitliche Probleme. Als ich bei ihr war, merkte ich – sie ist plötzlich ein anderer Mensch geworden.

Demenz muss nicht schleichend daherkommen. Die Ärzte rätselten mit uns, warum meine Mutter so schnell und ohne Vorzeichen von dieser schweren Krankheit getroffen wurde.

Ich konnte nie wieder ein normales Gespräch mit ihr führen, obwohl sie gesprochen hat. Einmal sagte sie mir: *„Weißt du, was ich heute gemacht habe?"* „Nein." *„Ich war mit Papa einen Anzug kaufen."*

Ich nickte. Mein Vater war zu diesem Zeitpunkt 15 Jahre tot. Kurze Zeit später ist meine Mutter friedlich eingeschlafen. Sie hatte keine Schmerzen.

Was können wir mitnehmen aus diesen oft traurigen Gedanken über die Endlichkeit des Lebens?

Das Schicksal kommt so oder so, manchmal können wir Schlimmes nicht verhindern. Aber Angst vor einem Tag zu haben, der statistisch gesehen genauso von Zufällen abhängig ist wie die restlichen 364 Tage, ist unnötige Panikmache gegen sich selbst.

Denken Sie doch mal, wie schön dieser Freitag ist, wenn er das nächste Mal kommt. Er ist ein Tag in ihrem Leben, der einzigartig ist. Er wird sich so nicht wiederholen. Er ist voller Wunder, weil das Leben an sich ein Wunder ist. Denken Sie an Ihre Familie, an Ihre Kinder, an Freunde. Genießen Sie gemeinsam einen Tag, über den alle reden. Freitag der 13. – ab heute ist er ein Glückstag!

P.S.: Ihr nächster Glückstag ist am 13. Dezember.

Bewahre, was Gott dir geschenkt hat

Können Sie das Wort „Klimaschutz" noch hören?

Wenn man Menschen fragt, die in den 50er- oder 60er- Jahren Kinder waren, was ihnen bei diesem Begriff einfällt, hört man Antworten wie: Milchkanne, aufgetragene Kleider, Waschtag, Pergamentpapier, draußen spielen, zur Schule zu Fuß.

Mein guter Bekannter, der Politiker Michael Fuchs (Jahrgang 49), erzählt aus seiner Jugend: *„Ich habe eine Milchkanne in die Hand gedrückt bekommen und bin damit in der Frühe zum Tante-Emma-Laden gegangen. Milch vom Morgen, ein Liter für 40 Pfennige. Keine Verpackung, kein Plastik. Umweltschutz pur."*

Die Milchkanne ist nur ein Beispiel dafür, wie die Generation der 50er- und 60er-Jahre nachhaltig gedacht hat. Man tat etwas für die Umwelt, aber man redete nicht darüber.

Klamotten wurden nicht weggeschmissen, sondern repariert. Einkäufe trug man in Netzen oder Körben, Plastik gab es nicht. Kaffee trank man zu Hause und nicht to go. Zur Schule fuhr man mit dem Fahrrad, oder man ist gelaufen. Manchmal fuhr der Vater in seinem Auto vorbei und winkte huldvoll. Das war die Ausnahme. Die meisten hatten kein Auto.

Alle Kinder waren draußen. Und zwar den ganzen Tag. Sie mussten nach Hause, wenn es dunkel wurde. Die einzige Energie, die sie verbrauchten, war ihre eigene und nicht die der Spielekonsole.

Samstag war Waschtag. Bevor die ersten Maschinen aus Amerika kamen, stand man am Waschbrett. Das war nicht schön, aber es verbrauchte auch keinen Strom.

Schulbrot wurde in Pergamentpapier eingewickelt. Das war immer etwas feucht, aber wurde eine ganze Woche lang benutzt. Und die Mütter sagten: *„Das schmeiße ich doch nicht weg. Das kann man noch gebrauchen."* Ein klassischer Satz aus dieser Zeit. Vor allem gilt das für die Generation, die Hunger selbst noch erlebt hat. Man kauft nur, was man essen kann. Man wirft nichts weg. Ein schöner Gedanke – auch für die heutige Zeit.

Können die Jungen heute also etwas von den Alten lernen? Vielleicht dies: Das einfache Leben ist nicht das schlechtere. Aufgetragene Kleider haben ihren eigenen Charme. Lassen Sie doch mal den Plastikbecher weg, wenn Sie unterwegs einen Kaffee trinken wollen. Nehmen

Sie sich Ihren eigenen Behälter mit. Einkaufskörbe sind zeitlos. Mein Freund Felix sagt: *„Sie knarzen so schön.“*

Natürlich sind weite Reisen toll, leider schaden sie der Umwelt. Ich sah gerade eine Reportage über die französische Insel Réunion im Indischen Ozean. Sie ist 9.147 Kilometer von Berlin entfernt. Wenn Sie an Traumurlaub unter Palmen, weißen Sand, azurblaues Wasser denken – da sind Sie richtig. Und dennoch: Man muss da nicht hin. Ich war noch nicht einmal in Hildesheim, Halberstadt im Harz, Paderborn oder Emden. Seltsamer Zeitgeist: Man will um die Welt jetten, aber kennt Deutschland kaum. Ist das nicht komisch?

Auch heute kann man mit einfachen Mitteln lernen, die Natur zu achten. Das wusste die Generation der 50er und 60er schon früh. Meine Oma formulierte es so: *„Junge, bewahre, was dir Gott geschenkt hat. Du bist hier nur vorübergehend.“*

Nur wer sich ändert, bleibt sich treu

Was ist eine lange, was eine kurze Zeit? Urteilen Sie selbst: Das Reiseunternehmen Thomas Cook wurde 1871 gegründet. Es ist also – besser gesagt, es war – 148 Jahre alt. Millionen Menschen verdanken die schönste Zeit ihres Lebens Thomas Cook. Und nun, fast über Nacht, ist das Unternehmen pleite. Die meisten Kunden wussten nicht einmal, wie sie nach Hause kommen.

Alter schützt vor Schaden nicht, wie man am Beispiel Thomas Cook leider sehen kann. War es Misswirtschaft, waren es menschliche Führungsfehler, war es Ignoranz? War es der sich wandelnde Zeitgeist?

Was uns sicher scheint und lange Bestand hatte, hat sich in Wahrheit als unsicher und wackelig herausgestellt.

Es ist wie eine Parabel auf das menschlichen Leben: Auf wen können wir bauen, auf wen können wir zählen?

Ist das Lebensalter Garant für Zuverlässigkeit? Sind jüngere Menschen vertrauenerweckender als ältere? Macht die sogenannte Altersweisheit wirklich weise? Vielleicht haben Sie schon erlebt, dass Menschen, die Sie für Ihre Freunde hielten, sich über Nacht von Ihnen abgewandt haben. Und Sie hatten keine Ahnung warum. Oder dass Menschen, die Ihnen besonders dankbar sein sollten, weil Sie ihnen einmal geholfen haben, sich plötzlich als besonders undankbar erwiesen?

Wir wundern uns, dass sich Freunde, Bekannte, Nachbarn ändern, und merken gar nicht, dass wir uns selbst verändert haben.

Wir passen uns an, wenn es der Job erfordert. Wir werden anders, wenn plötzlich Kinder da sind. Wir können unglücklich und ungerecht werden, weil das Leben sich anders entwickelt, als wir dachten.

Das Leben ist ein steter Wandel. Und wir wandeln uns mit. Nur hoffentlich nicht in unseren Herzen. Wolf Biermann hat es wunderbar formuliert: *„Nur wer sich ändert, bleibt sich treu.“*

In diesem Sinne: Wussten Sie, dass es zwei Unternehmen gibt, die genau 100 Jahre alt sind – und im Gegensatz zu Thomas Cook dabei kerngesund? Danone begann in Barcelona mit einer Joghurtrezeptur, die Kindern bei Durchfall helfen sollte. Heute ist das Unternehmen der zweitgrößte Milch- und Keksproduzent der Welt. Kawasaki fing an mit Schiffbau in eigenen Werften. Heute sind ihre Motorräder weltberühmt.

Wer mit der Zeit geht, den zieht die Zeit auch nicht nach unten. Sondern in eine sichere Zukunft.

Der Feiertag unserer Herzen

Kann es sein, dass den meisten Deutschen der Tag der Deutschen Einheit in dieser Woche ziemlich schnuppe war? Wir haben ihn mitgenommen, weil wir nicht arbeiten mussten. Ich denke, liebe Leser, es wird Ihnen mehrheitlich so gehen wie mir selbst: Der Tag der Deutschen Einheit – schön, dass es ihn gibt. Mein Herz aber erreicht er nicht.

Warum tun wir uns mit unserem Nationalfeiertag offensichtlich schwerer als Amerikaner, Franzosen, Engländer das mit ihren Gedenktagen tun? Können oder dürfen wir nicht stolz auf unser Heimatland sein?

Wir können, und wir dürfen. Aber es braucht einen Funken, der schlägt, damit sich etwas entzündet in uns. So wie es einst der 17. Juni tat.

Den Nachgeborenen schnell erklärt: Bis 1990 war der 17. Juni der deutsche Nationalfeiertag in der Bundesrepublik. Weil an diesem Tag 1953 in Ostberlin Arbeiter dagegen protestierten, dass sie mehr arbeiten sollten bei gleichem Lohn. Die friedliche Demonstration wurde von sowjetischen Panzern blutig niedergeschlagen – unter Mithilfe der SED und der Stasi. Der Aufstand erfasste die ganze DDR. Es gab 55 Tote.

Die Fotos der Arbeiter, die Steine gegen Panzer warfen, gingen um die Welt. Und für uns im Westen wurden sie zum Symbol: Wir sind ein Volk. Und wir wollen es zeigen. Noch Jahre nach dem 17. Juni 1953 haben viele Deutsche abends Kerzen in ihre Fenster gestellt. Wir haben in der Familie, mit Freunden, mit Fremden über den Aufstand, über Tapferkeit und den Kampf für die Freiheit gesprochen. Und wir fühlten, soweit wir das konnten, mit denen, die ihre Leben gelassen hatten für eine bessere Zukunft.

Auch in den Schulen wurde intensiv über den 17. Juni geredet. Jedes Kind konnte erzählen, was genau wo beim Arbeiteraufstand in der DDR passiert war. Es war eben nicht irgendein Datum wie heute – das muss ich leider so hart sagen – der 3. Oktober. Es war der 17. Juni, der Tag, an dem Deutsche für Deutsche um die Freiheit und für ein besseres Vaterland gerungen haben.

Am 3. Oktober 1990 trat der Einigungsvertrag in Kraft, deshalb wurde er zum Feiertag. Das ist nachvollziehbar und geschah aus gutem Grund. Aber die Vollendung eines Vertrags ist letztlich Formelkram. Sie kann uns nicht wirklich berühren.

Ich habe einen befreundeten Kollegen gefragt, was für ihn, der in der DDR aufgewachsen ist, der deutsche Feiertag ist. Seine Antwort war schnell und ehrlich. Und ganz anders, als die DDR-Propaganda es ihren Bürgern eingetrichtert hatte (CIA-gesteuerter Aufstand gegen friedliebende Bürger der Republik).

Mein Freund sagte: *„Für uns gab und gibt es nur einen deutschen Feiertag. Den 17. Juni. Der Feiertag unserer Herzen."*

Komm, wir gehen zu Oma und Opa!

„Erinnerst du dich noch an meine Mutter?", fragte ich kürzlich meinen 21-jährigen Sohn. Meine Mutter ist vor zehn Jahren gestorben. *„Ja, natürlich, die hat immer so gut gekocht." „Und was hat dir besonders geschmeckt?" „Ihr Wiener Schnitzel."*

Warum ich diese Szene erwähne? Mein Sohn war elf, als seine Großmutter starb. Und trotzdem hat er sie in seinem Herzen behalten. Und wenn es das Wiener Schnitzel war – warum denn nicht?

Morgen wird in Bayern, erstmals in Deutschland, der Tag der Großeltern gefeiert. Er soll daran erinnern, was Großeltern so besonders macht: Sie sind immer da, wenn ihre Enkel sie brauchen. Sie holen die Kinder von der Kita ab. Sie lesen vor und sind immer geduldig, auch wenn die Enkel quengeln.

Großeltern werden immer größer (gedanklich gesprochen), weil sie immer länger leben – wie schön! Ganz gleich, ob Soziologen dieses Phänomen ironisch Golden oder Silver Ager nennen. Unseren Großeltern kann es egal sein. Wie alt sie sind, wissen sie selber. Der größte Gefallen für viele Enkelkinder ist der Satz: Komm, wir gehen zu Oma und Opa!

Und die Großeltern freuen sich genauso. Sie lieben ihre Enkelkinder wie einst ihre eigenen Kinder. Ein Stück Jugend, ja Kindheit, kehrt zurück.

Und Großeltern fragen auch, denn Enkel wissen heute manchmal mehr. Mein junger Kollege Felix erinnert sich an eine Begegnung mit seiner Großmutter Huberta: *„Ich traue es mich kaum zu fragen, lieber Felix. Was muss ich tun, um WhatsApp auf meinem Handy sehen zu können? Was muss ich kaufen?"* Für diese Fragen liebt er sie noch heute.

Zum Tag der Großeltern gehört auch, dass man seine Großeltern nicht vergessen darf. Unsere mobile Zeit bringt es mit sich, dass Familien weit verstreut leben und arbeiten. Das heißt: Oma und Opa sind manchmal Hunderte Kilometer weg von ihren Kindern und Enkelkindern.

Deshalb diese Bitte, liebe Leser: Nutzen Sie den neuen Feiertag, um an Ihre lieben Großeltern zu denken. Mehr noch: Planen Sie doch schon Ihre nächste Reise dorthin.

Was für ein hohes Gut, wenn man noch Großeltern hat. Und was für eine unerfüllte Sehnsucht, wenn man seine Großeltern nicht erleben durfte.

Ich hatte das Glück, meine Großmutter an meiner Seite zu haben, bis ich Anfang 20 war. Sie kam aus Pommern und war in ihrer Art außerordentlich weise und weltklug.

Sie sagte mir einen Satz, den ich bis heute nicht vergessen habe: *Ehre deine Großeltern, denn du bist auch ein Stück von ihnen.*

Man muss jung sein, um große Dinge zu tun

In dieser Woche wurde Deutschlands größte Studie über junge Leute veröffentlicht – die 18. Shell Jugendstudie. Vor allem ging es darin um Umweltschutz, Klimapolitik, Populismus und Flüchtlingsfragen. Aber ganz fein, sozusagen zwischen den Zeilen, stand noch etwas anderes in der Studie. Etwas, das man eigentlich schwer an Zahlen festmachen kann: Junge Leute lieben ihre Familie wie vielleicht nie zuvor. Neun von zehn Befragten verstehen sich *„gut"* oder *„bestens"* mit den eigenen Eltern. 74 Prozent der Jugendlichen würden ihre Kinder so erziehen, wie sie selbst erzogen worden sind.

Wie seltsam: Die Generation Z – also die ab 1997 Geborenen – macht weltweit Schlagzeilen, weil sie sich öffentlich gegen die Erwachsenenwelt stellt. Wenn die jungen Leute von etwas überzeugt sind, dann sprechen sie es nicht nur an, sondern schreien es geradezu in die Welt hinaus. Bescheidenheit scheint nicht ihre Zier zu sein. Was viele junge Leute denken, sehen sie als einzig gültige Wahrheit an.

Ist das eigentlich schlimm?

Warum denken so viele Leute immer negativ, wenn es um die junge Generation geht?

Die Wissenschaft hat dafür sogar einen Namen gefunden, wie „Welt"-Autorin Claudia Becker herausgefunden hat. „Juvenoia" nennt der US-amerikanische Soziologe David Finkelhor die Angst der Älteren vor der Jugend, seine Wortschöpfung ist eine Symbiose aus „juvenil" und „Paranoia".

Aber schon Goethe wusste: *„Man muss jung sein, um große Dinge zu tun."*

Keine Generation schrieb bessere Abiturnoten als die jetzige. Anerkennung finden sie oft nicht dafür. Ist es wirklich so, dass Lehrer heute bessere Noten geben, als ihre Kollegen früher es taten? Oder hängt es nicht auch daran, dass Schülerinnen und Schüler heute oft zielstrebiger und motivierter sind als ihre Vorgänger?

Richtig ist: Es wird heute einfach mehr erwartet als früher. Studienplätze werden zuerst an die Besten vergeben. Oft ist für die weniger Guten kein Platz mehr. Alle jungen Leute wissen, das Berufsleben wird nicht so sein, wie es Eltern und Großeltern noch kannten: jahrelang am selben Ort leben, in einer Firma arbeiten, höher steigen, ohne den Job alle zwei Jahre zu wechseln.

In der digitalen Welt passiert das Gegenteil: Jeder kann heute schnell alles werden. Jeder kann aber auch schnell versagen. Das macht vielen Jugendlichen Angst. So suchen sie sich einen Ort der Geborgenheit, weil draußen alles so unruhig ist. Und dieser Ort ist die Familie.

Lasst uns Ältere doch verstehen, warum so viele Junge so lange bei ihren Eltern bleiben. Es hat mit äußerer Sicherheit zu tun. Es hat aber vor allem auch mit Gefühlen zu tun.

Ein schöner Gedanke dazu steht im Netz. Der Autor ist unbekannt. *„In einer Familie musst du dich nicht erst beweisen, um geliebt zu werden. Sie liebt dich, wie du bist.“*

Jetzt ist die Zeit zum Kuscheln

In Berlin gehen die Uhren anders, auch die vom Oktoberfest. Als das in München längst zu Ende war, wurde hier noch auf den Tischen getanzt. Ich war dabei. Und im Dunst der Bier- und Lebensfreude sah ich sie: zwei Pärchen, Anfang 20, immer lachend. Sie rockten mit den Armen und streckten einander die Köpfe entgegen. Die beiden Paare schwebten in diesem Zelt, als würde kein Boden existieren. Sie hielten einander fest, als wäre der jeweils andere das Netz des Lebens.

Und dabei war das, was ich sah, eigentlich alltäglich. Das alltägliche Wunder in uns und um uns herum: Sie waren verliebt. Und sie zeigten es. Jeder durfte, jeder sollte es sehen. Und da spielte es keine Rolle, wo man gerade war: auf einem krachenden Oktoberfestabend. Oder sonst wo.

Denn es ist Herbst. Die Zeit zu kuscheln. Die Zeit, sich aneinander zu wärmen. Die Liebe kennt keine Jahreszeiten? Ich denke doch: Der Herbst ist der wahre Frühling der Gefühle.

„Du kannst deine Augen schließen, wenn du etwas nicht sehen willst. Aber du kannst nicht dein Herz ver-

schließen, wenn du etwas nicht fühlen willst", sagt ausgerechnet der alte Schwerenöter Johnny Depp. Recht hat er! Schöner kann man es nicht formulieren. Und vielleicht hat er sogar den Herbst gemeint!

Halten Sie doch bitte einen Moment inne. Im Supermarkt türmen sich die Kürbisse (leider stapeln sich auch schon Weihnachtsgebäck, Printen, Lebkuchen). Und in jedem steckt ein Stück Herbst. Und zwar der Herbst, der uns nicht frösteln lässt, sondern der uns erwärmt.

Die Farben wie eine untergehende Sonne, jedes Stück Kürbis zu Hause ist ein Stück Wärme in die Wohnung gezaubert. Eine leckere Suppe dampft auf dem Tisch, Kerzen leuchten: Sie sind mitten im Herbstfieber.

Ich erzähle das, weil ich den Kürbis als ein Symbol des Wohlgefühls empfinde. Und weil man das Verliebtsein im Herbst zwar ersehnen, aber nicht erzwingen kann. Das eine ist das kleine Glück, das sich jeder leisten kann. Mit Freunden, mit der Familie an einem Tisch sitzen. Stellen Sie Rosen auf den Tisch. Rosa, orangene, weiße, flauschige. Viele kommen aus Ecuador – aus dem Sommer – frisch eingeflogen im Frachtraum von Passagierflugzeugen, die sowieso nach Deutschland fliegen. Ihr Duft erzeugt schöne Herbstgefühle bei uns am Tisch.

Oder ich wünsche Ihnen das andere, lieber Leser, das große Glück zu zweit. Das jeder kennt und nie vergessen wird. Und nach dem sich jeder sehnt, ohne es gerne zuzugeben.

Es ist wie eine Droge der Gefühle. Im Volksmund nennt man es Schmetterlinge im Bauch. Das ist biologisch gesehen schwer vorstellbar, aber irgendwie treffend.

Der französische Philosoph Blaise Pascal hat es anders, tiefgründiger und vielleicht final formuliert: *„Ein Tropfen Liebe ist mehr als ein Ozean Verstand."*

In diesem Sinne wünsche ich Ihnen schöne Herbsttage. Mit dem kleinen oder dem ganz großen Glück.

Auch Sie haben ein Recht auf Ruhe

Kennen Sie das? Sie gehen morgens gut gelaunt aus dem Haus und steigen in den Bus ein. Was Sie hören: viele Menschen am Smartphone, davon die meisten schlecht gelaunt, auf ihre Arbeit schimpfend, negative Ausstrahlung. Spätestens beim Aussteigen ist Ihre gute Laune verflogen.

Wenn Sie Fahrrad fahren, kann es Ihnen passieren, dass neben Ihnen jemand in ein Mikrofon brüllt, weil der Straßenverkehr so laut ist.

Haben die Menschen verlernt, die Stille zu genießen? Dabei gibt es doch auch ein Recht auf Ruhe. Oder nicht?

Lassen Sie uns einen kleinen Zeitsprung machen. Sie fahren auf der Autobahn. Sie haben einen wichtigen Termin: Stau, Sie sind zu spät. Wie den Geschäftspartnern Bescheid sagen? Handy? Gibt's noch nicht in den 80er-Jahren. Autotelefon? Haben nur wenige. Also: raus zum Rasthaus, rein in die Telefonzelle davor. Kostet Zeit und Groschen. Endlich erwischt man den, bei dem man sich entschuldigen muss.

Was für ein Aufstand! Oder: viel Lärm um nichts.
Und wenn die Liebe ruft – wie rufst du sie zurück?
Man konnte sich einbunkern zu Hause, die zehn Meter
lange Telefonschnur reichte gerade ins Zimmer der Tochter. Sie hatte Wichtiges zu besprechen, das Telefon war
stundenlang blockiert. Liebe kennt keine Zeitbeschrän-
kung. Und das ist gut. Vielleicht wird heute zu viel an zu
vielen Orten telefoniert – und um Liebe geht es wohl in
den wenigsten Fällen.

Wir hören Wortfetzen, mehr nicht. Wir Zuhörer sind dis-
kret, auch wenn die Telefonierenden selbst es meist nicht
sind.
Wäre es nicht schön, wenn wir von dem verschont
blieben, was sowieso nicht für unsere Ohren bestimmt
ist?

Wissen wir eigentlich noch, wie gut es tut, wenn man das
Handy mal abstellt? Es ist so, als ginge man durch einen
Wald und sehe die Bäume, als wären sie zum ersten Mal
da. Oder man hört die Vögel singen und denkt: *„Mensch,
die singen ja nur für mich!"*

Ein chinesisches Sprichwort drückt das Erlebnis Stille auf
wunderbare Weise aus: *„Nur in einem ruhigen Teich spie-
gelt sich das Licht der Sterne."* Was das heißt: Besondere
Empfindungen unserer Sinne erleben wir nur, wenn wir
nicht abgelenkt werden.
Wenn Sie sich das nächste Mal über jemanden ärgern, der im Bus laut in sein Handy spricht – bleiben Sie
bitte gelassen. Es ist doch toll, dass wir von jedem Ort mit

jedem Menschen, der uns gerade wichtig ist, Kontakt aufnehmen können.

Ich weiß, manchmal nervt das. Aber manchmal höre ich auch bei scheinbar banalen Sätzen einen weichen Klang in der Stimme, der nahelegt, hier ist Liebe im Spiel. Etwas, das gewöhnlich klingt - und doch so groß ist: *„Hey Schatz, ich bin gleich zu Hause."*

9. November: „Da oben leuchten die Sterne ..."

Jeder von uns kennt es, kaum einer kann es nachvollziehen – warum liegen Glück und Unglück oft so nah beieinander? Eben haben wir uns noch gefreut: das erste Lachen der Tochter, ein Lob vom Chef, Urlaub supergünstig gebucht. Dann, am gleichen Abend: die Waschmaschine kaputt, plötzlich kein WLAN mehr und dann noch der Brief vom Finanzamt mit der Forderung zur Steuernachzahlung.

Warum ich diese kleinen Sorgen erwähne? Weil sie jedem von uns in ähnlicher Art schon einmal passiert sind.

Was Millionen Menschen im Alltag widerfährt, ist wie ein Spiegelbild der deutschen Geschichte in diesem Jahrhundert. Doch da geht es nicht um kaputte Waschmaschinen und gute Worte vom Boss. Es geht um das große, sich nicht wiederholende Schicksal.

Das alles ist der 9. November.

Einer der dunkelsten Tage in unserer Geschichte war der 9. November 1938. In der „Reichspogromnacht" zerstörten Nationalsozialisten jüdische Geschäfte und Synagogen, verschleppten und ermordeten Tausende Juden. Es war der Beginn des größten Völkermordes in der Geschichte der Menschheit.

Am 9. November 1989, dem Tag, den wir heute feiern, fiel die Berliner Mauer. Es war die verrückteste und glücklichste Nacht, die Berlin je erlebt hat.

Ex-Bundeskanzler Gerhard Schröder formulierte damals, was noch heute Bestand hat: *„Die Mauer wurde nicht in Washington, Bonn oder Moskau zum Einsturz gebracht. Sie wurde von den mutigen und unerschrockenen Menschen eingedrückt, und zwar von Ost nach West."*

Ist es nicht fast unbegreiflich, dass so konträre Ereignisse am gleichen Tag geschahen? Am 9. November 1918 rief Philipp Scheidemann die Republik aus. Am 9. November 1923 scheiterte Hitlers Marsch auf die Münchner Feldherrnhalle.

Würfelt das Schicksal mit uns Deutschen? Ist alles nur Zufall? Gibt es einen erkennbaren roten Faden, der diese derartig verschiedenen Geschehnisse zusammenhält?

Wir wissen es nicht. Wir können nur staunend zur Kenntnis nehmen, dass sich am 9. November viele Dinge ereignet haben, die uns noch heute berühren – und immer berühren werden.

Wenn Sie heute Abend, lieber Leser, unterwegs sind, werden Sie vielleicht etwas sehen, was auch zum

9. November gehört: Kerzen, die im Wind flackern, getragen von Kinderhänden, St. Martinstag. Mädchen und Jungen singen ein Lied, das wir alle nur zu gut kennen.

„Ich geh mit meiner Laterne
und meine Laterne mit mir.
Da oben leuchten die Sterne,
und unten, da leuchten wir."

Wie schön, dass dieser historische und aufwühlende Tag so friedlich endet. Die Laterne als Symbol der Freude – großartig!

Als wäre es erst gestern gewesen

In diesen Wochen gedenken wir unserer Angehörigen, unserer gefallenen Söhne und Töchter. Ich denke vor allem an meinen Vater, der 100 Jahre alt geworden wäre. Auf ihn passt für mich der berühmte Satz von Ernest Hemingway: *„Niemand, den man wirklich liebt, ist jemals tot."*

Verzeihen Sie, lieber Leser, dass diese Kolumne etwas nachdenklicher, etwas trauriger ist als andere. Ich finde aber, Trauer gehört zu unserem Leben wie Freude, Lachen, Glück.

Als ich meinen Vater das letzte Mal sah, war er 74 - schwer zuckerkrank. Er saß im Rollstuhl und musste operiert werden. Er war glasklar im Kopf und humorvoll wie immer („*richtig hüpfen werde ich wohl nicht mehr können*").

Als wir uns verabschiedeten, guckte er mir etwas länger in die Augen als sonst. Erst später wusste ich, was er da schon ahnte: Wir würden uns nie wiedersehen. Er starb während der Operation an einem Herzinfarkt. Das ist 25 Jahre her, fast auf den Tag. Aber ich erlebe diesen Augenblick, als wäre er erst gestern gewesen.

Meine Mutter starb vor zehn Jahren. An ihrem letzten Tag war ich die ganze Zeit bei ihr. Gegen Abend, als es zu Ende ging, streichelte ich sie noch einmal. Obwohl sie seit Stunden auf nichts mehr reagiert hatte, streckte sie in diesem Moment ihren Kopf meiner Hand entgegen. Es war ihre letzte Bewegung.

Ich erzähle diese intimen Dinge, weil Millionen Menschen in dieser Zeit zwischen Volkstrauertag und Totensonntag ähnliche Gedanken haben. Und weil, so geht es mir zumindest, traurige Momente oft stärker präsent sind als fröhliche.

Ich selbst habe merkwürdigerweise das Gefühl, dass mir Erinnerungen an Verstorbene näher sind, je älter ich werde. Vielleicht auch ein Phänomen der dunklen Tage im November.

Wie und wie oft wir uns an verstorbene Angehörige erinnern – das ist bei den Menschen grundverschieden. Aber eines, so glaube ich, kann niemand verleugnen: Wir sind ein Leben lang Kind unserer Eltern – im guten wie im nicht so guten Sinne.

Man kann seine Wurzeln nicht abschütteln, warum sollte man auch? Mich macht es stolz, dass ich vielleicht ein bisschen journalistisches Talent von meinem Vater geerbt habe. Und freue mich, dass meine Söhne auch gern schreiben. Wie oft hören wir Eltern Sätze sagen wie: *„Diesen Jähzorn hat der Junge von seinem Vater.“* Oder, freundlicher: *„Das Lachen ist von ihrer Mutter.“* Und vielleicht, wahrscheinlich sogar, ist das auch so.

Schön, dass es an Tagen wie diesen auch heitere Erinnerungen an unsere Angehörigen gibt. Zum Beispiel eine, wie sie meine junge Kollegin Alica erzählt. Sie hat heute noch die Worte ihres verstorbenen Opas im Ohr, der sie als Kind tröstete, wenn sie sich wehgetan hatte: *„Ach Liebchen, bis du heiratest, ist das wieder verheilt.“*

Verheilt ist es längst, verheiratet ist sie (noch) nicht.

Was immer Sie schenken – schenken Sie von Herzen!

Es gibt eine kleine, süße Geschichte, die mir gerade jetzt nicht aus dem Sinn kommt. Gedankensprünge sind manchmal nicht zu greifen, dieser aber scheint mir logisch. Der Sprung findet jeden Tag im Supermarkt statt. Zwischen Weihnachtsmännern aus Marzipan und Zimtbackwaren, zwischen Schokoglöcklein und Nougatbömbchen kann man am Frohen Fest zwar vorbeigehen, verdrängen kann man Weihnachten aber schon länger nicht mehr.

Und die kleine Geschichte hat genau damit zu tun: Ein junges Ehepaar mit wenig Geld überrascht einander mit einem ungewöhnlichen Geschenk. Er versetzt seine teure Taschenuhr, damit er ihr ein juwelenverziertes Kammset für ihre wunderschönen langen Haare schenken kann. Sie aber lässt sich heimlich ihre Haare abschneiden, um ihm eine Kette für seine Taschenuhr zu schenken.

Als sie einander bescheren wollen, haben beide nichts mehr von dem, was ihnen gerade noch teuer war. Und dennoch freuen sie sich über die Geschenke, obwohl sie eigentlich nichts mehr wert sind – aber eben doch alles.

Die anrührende Erzählung stammt von dem amerikanischen Dichter O. Henry und wurde mehrfach (manchmal ein bisschen kitschig) verfilmt, kam ins Fernsehen. Millionen Menschen kennen sie. Millionen Menschen hat sie zu Tränen gerührt.

Die Geschichte der armen Liebenden hat nichts von ihrer Zauberkraft verloren. Sie enthält eine einfache, aber große Botschaft: Schenke nicht um deiner selbst willen, schenke, was dir wichtig und teuer ist. Also frag dein Herz.

Ich habe meine Kolumne damit begonnen, dass wir schon jetzt irgendwie Weihnachten haben, obwohl das Fest noch Wochen entfernt ist. Nun möchte ich aber eine Lanze brechen. Wie schön, dass wir die Möglichkeit haben, unseren Lieben kleine oder größere Dinge zu schenken – ohne Hektik, ohne Stress, ohne dass wir uns finanziell überfordern.

Was ich damit meine: Wenn Sie Lust auf ein kleines Weihnachtsgeschenk in Form von Marzipan oder Vollmilchschokolade haben – holen Sie es sich, das gibt es so nur einmal im Jahr. Verschenken Sie es, essen Sie es selber. Was Sie mögen, mögen auch Ihre Freunde, Ihre Angehörigen.

Ist es nicht toll, dass wir in einer Art Schlaraffenland leben? Anstatt zu meckern, dass jetzt schon überall Weihnachten ist, lassen Sie uns doch gemeinsam darüber freuen. Wir müssen ja nichts kaufen, es gibt Gott sei Dank keinen Zwang.

Und nun möchte ich noch einmal ins kalte New York zur Weihnachtszeit zurückkehren: Wir wissen nicht, was aus diesem Liebespaar von O. Henry geworden ist, das einander so einzigartig beschenkt hat. Hoffentlich waren die beiden lange miteinander glücklich. Womöglich, bis dass der Tod sie geschieden hat ... Aber bitte, liebe Leser: Es sind ja nur Figuren, die ein Dichter erfand. Sowas kann es in Wirklichkeit gar nicht geben.

Oder doch?

Die Zeit, Kinder glücklich zu machen

Wie viel Glück steckt in einer Kerze? Eine unsinnige Frage, mögen manche denken. Darauf möchte ich antworten: Dann schauen Sie morgen einmal in Kinderaugen, wenn auf dem Adventskranz die erste Kerze brennt. Wir können noch so aufgeklärt sein – es gibt Gefühle, die immer währen, solange es Menschen gibt.

Der Dichter Erich Kästner, der sich mit wunderbaren Abenteuerromanen wie „Emil und die Detektive", „Das fliegende Klassenzimmer" und „Das doppelte Lottchen" unsterblich gemacht hat, fand für die Adventszeit besonders schöne Worte:

„Und wieder stapft der Nikolaus
durch jeden Kindertraum.
Und wieder blüht in jedem Haus
der goldengrüne Baum.
Warst auch ein Kind. Hast selbst gefühlt,
wie hold Christbäume blühn.
Hast nun den Weihnachtsmann gespielt
und glaubst nicht mehr an ihn."

Jetzt kommt die Zeit, wo wir Kinder glücklich machen können – oder ganz traurig. Der berühmte Leserbrief der kleinen Virginia an die „New York Sun" zeugt davon. Das Mädchen schreibt: *„Ich bin acht Jahre alt. Einige meiner Freunde sagen, es gibt keinen Weihnachtsmann. Papa sagt, was in der „Sun" steht, ist immer wahr. Bitte sagt mir: Gibt es einen Weihnachtsmann?"*

Dieser Brief ist 100 Jahre alt. Was der „Sun"-Redakteur antwortete, ist heute noch so wahr wie damals. *„Es gibt ihn so gewiss wie die Liebe und die Großherzigkeit und die Treue. Wie dunkel wäre die Welt, wenn es keinen Weihnachtsmann gäbe! Es gäbe keinen Glauben, keine Poesie – gar nichts, was das Leben erträglich machte. Kein Mensch sieht den Weihnachtsmann einfach so. Die wichtigsten Dinge bleiben meist unsichtbar. Was du auch siehst – du siehst nie alles."*

Warum rührt uns dieser Brief bis heute? Ich habe eine persönliche Antwort. Für mich ist die Adventszeit die Stunde der Kinder. Und sie umfasst einen ganzen Monat. Nur wer sich ein kindliches Gemüt bewahrt hat, kann fühlen, wie groß die Advents- und Weihnachtszeit für Mädchen und Jungen ist.

Es beginnt morgen mit dieser ersten Kerze im Kranz. Es steigert sich von Woche zu Woche – bis zur Bescherung. Die Botschaft für uns Erwachsene, wie lautet die? Ich finde, es gibt zwei: Die eine steckt in dem Gedicht von Erich Kästner: *„Hast nun den Weihnachtsmann gespielt und glaubst nicht mehr an ihn."* Liebe Weihnachtsmänner, ihr könnt glauben, was ihr wollt. Aber nehmt den Kindern nicht ihre Freude und ihre Träume!

Die zweite Botschaft: Wir sind als Erwachsene dieselben Menschen von einst – nur älter. Auch wir haben an einfache Botschaften geglaubt, bevor wir uns dem Leben angepasst haben:

Du kannst alles werden.
Mit deiner Fantasie kannst du die Welt erobern.
Es gibt Gut und Böse.
Du bist einzigartig.

Wie weise kann Kinderglauben sein! Lasst uns ein bisschen davon bewahren.

Ist Demut eine vergessene Tugend?

In dieser Woche feierte die NATO 70. Geburtstag. Es war ein Ereignis, das in allen Medien – Print, Fernsehen, Online – große Aufmerksamkeit bekam. Ganz leise, wenn überhaupt, erinnert man sich an ein anderes Ereignis, das heute genau vor 49 Jahren stattfand und ebenfalls Geschichte schrieb: Willy Brandts Kniefall in Warschau. Er stand vor dem Mahnmal für die jüdischen Kämpfer des Warschauer Ghettoaufstandes 1943. Plötzlich kniete er nieder und verharrte so mehr als eine halbe Minute. Es war eine spontane Geste, die kein Protokoll festgelegt hatte. Die Fotos gingen um die Welt.

Brandt sagte später: *„Unter der Last der jüngsten Geschichte tat ich, was Menschen tun, wenn die Worte versagen. So gedachte ich Millionen Ermordeter."*

Kaum ein Ereignis spaltete die Nation damals so wie der Kniefall von Warschau. Die einen hielten Brandt für einen „Vaterlandsverräter", die anderen feierten ihn und seine neue Politik der Entspannung.

Ich selber war kein Freund der Ostpolitik und auch kein Fan von Willy Brandt. Aber heute, fast ein halbes Jahrhundert später, spielt die politische Einordnung dieser Geste keine Rolle mehr. Was bleibt, ist ein großartiger Ausdruck von Menschlichkeit in einer Zeit, in der es nicht selbstverständlich war, über Schuld und Sühne zu sprechen.

Was mich besonders anrührt: Der Kniefall galt den jüdischen Widerstandskämpfern im Warschauer Ghetto. Sie kämpften, um die Menschen vor den Vernichtungslagern zu retten.

An ihrer Spitze stand der junge Mordechaj Anielewicz. Er und seine Mitkämpfer wussten, dass sie keine Chance hatten gegen die deutsche Übermacht. Sie kämpften trotzdem – und starben.

In einem Abschiedsbrief schrieb Anielewicz: *„Fahre wohl, mein Freund! Der Traum meines Lebens hat sich erfüllt. Ich bin Zeuge wunderbaren heldenhaften Kämpfens geworden.“*

Was hat nun diese ferne Zeit 1943 und der Kniefall Willy Brandts 1970 mit uns heute zu tun?

Brandts Geste zeigt, was uns heute oft schwerfällt. Es ist die Demut. Der damalige Bundeskanzler war der erste ranghohe Politiker, der die nicht fassbare Schuld der Deutschen gegenüber den Juden zum Ausdruck brachte. Und dies nicht mit Worten, die schnell verhallt wären.

Ich finde, es ist ein Zeichen von Stärke, wenn man demütig sein kann. Demut ist für mich auch anzuerkennen, dass es etwas Großes und Unsterbliches gibt in unserer Schöpfung: das kann Musik sein, Kunst, Natur, Liebe.

Zeige deinen Freunden, deinen Nachbarn, deiner Familie, was dich bewegt. Und es ist nicht immer nur Erfolg, der unser Wegbegleiter ist.

Demut kann auch heißen, Schuld anzuerkennen – die eigene oder die eines Volkes, wie es Willy Brandt getan hat.

Vielleicht ist das eine Botschaft für diese Tage der Besinnung.

Das Land,
wo die Zitronen blühn

Jetzt kommen die Tage der Sehnsucht. Fühlen Sie es auch, liebe Leser?

Ich meine nicht die Festtage, Familienfeiern, schönes Essen, Jahreswechsel mit Freunden. Das kommt sowieso, wie schön!

Ich meine die Sehnsucht nach dem, was wir gerade nicht haben. Eine chinesische Weisheit sagt: *Wo du auch gerade bist: Du guckst immer ans andere Ufer.*

Das soll nicht heißen, dass wir immer unzufrieden sind. Es heißt nur, dass in vielen von uns eine Sehnsucht steckt, die gar nicht zu erfüllen ist, weil wir sie oft nicht einmal genau definieren können.

> *„Wünsche wie die Wolken sind,*
> *schiffen durch die stillen Räume,*
> *wer erkennt im lauen Wind,*
> *ob's Gedanken oder Träume?"*

So hat es der Dichter Joseph von Eichendorff wunderbar beschrieben.

Vielleicht gibt es aber eine Sehnsucht in uns, die sehr wohl zu definieren ist. Sie heißt, ein bisschen platt gesagt: Ich möchte jetzt raus. Einfach in der Sonne liegen, Strand, Swimmingpool, ein Glas in der Hand, in den Himmel blinzeln.

Es ist die Urlaubssehnsucht. Nicht der große Urlaub, der lange geplant, vielleicht schon gebucht ist. Es sind die kleinen Ferien zum Träumen. Es ist das, was man Kopfkino nennt.

Goethe, der Italien-Fan, hat diese Sehnsucht vieler Deutscher schon vor mehr als 200 Jahren vorausgeahnt und wunderbar beschrieben:

„Kennst du das Land, wo die Zitronen blühn,
im dunkeln Laub die Goldorangen glühn,
ein sanfter Wind vom blauen Himmel weht ..."

In diesen Tagen, in denen es fast überall in Deutschland regnet, nieselt, schüttet, ist es gefühlt irgendwie immer dunkel. Kein kerniger Winter, kein prächtiger Herbst, irgendwas Schmuddeliges zwischendurch.

Was also rate ich Ihnen, liebe Leser, was rate ich mir?

Ich fahre nach Italien, ganz schnell, ganz einfach. So geht's: Hören Sie Pavarotti auf YouTube, irgendwas zum Mitsingen, *„O sole mio"* zum Beispiel. Dazu einen Roten aus dem Chianti. Oder auch eine selbst gemachte Zitronenlimonade. Sie brauchen drei Biozitronen, einen Viertelliter Wasser und ein bisschen Zucker.

Manche Reise ist ganz einfach. Sie findet im Kopf und im Herzen statt. Und auf unserem Esstisch.

Beim Fest ruhig auch mal an sich selbst denken

Was ist das Schönste für Sie beim Fondue? Ist es das Zischen, wenn Sie das Filet (was denn sonst!) in den Kupfertopf tauchen? Ist es der Moment, wo Sie das Schrumpelstück mit der Gabel abpulen, in die Soße tunken und genussvoll verspeisen?

Was soll diese Frage zu Weihnachten, werden einige von Ihnen denken? Klare Antwort: Weihnachten ist das Fest der Liebe. Und ich liebe Fleisch! Jedenfalls in Fondueform.

Wenn Sie die Soßen meiner verstorbenen Mutter kennen würden, wüssten Sie, warum ich so schwärme. Was heißt ich – meine Familie vergrößert sich zu Weihnachten auf geheimnisvolle Weise, wenn es Fondue gibt.

Ich erzähle dies kurz vor Weihnachten, weil das Christfest auch ein Fest für die eigene Seele sein soll. Und die Seele, die ich meine, kann riechen, schmecken, staunen. Warum sollen wir uns nicht wenigstens einmal im Jahr (und zum Geburtstag natürlich) das gönnen, was uns selig macht?

Wir schenken, um Freude zu machen. Und es ist wunderschön, wenn man sieht, wie glücklich andere Menschen über das sind, was wir für sie ausgesucht haben.

Wenn wir in drei Tagen im Kreise unserer Lieben sind, wird sich hoffentlich der alte Zauber entfalten, den es am 24. Dezember seit Generationen gegeben hat: Du denkst an viele, viele denken an dich.

An dieser Stelle möchte ich einen Gedanken mit Ihnen teilen, liebe Leser: Viele von uns schenken zwar gerne, sie vergessen aber eine wichtige Persönlichkeit: sich selbst. Was ich damit meine? Im ganzen Trubel des Festes findet man wenig Gelegenheit, selbst zur Ruhe zu kommen.

Versuchen Sie, sich quasi beim Weihnachtsfest selbst zu beobachten, und fragen Sie sich – bist du eigentlich glücklich? Fühlst du dich wohl, oder fehlt dir was? Und mit du sind Sie, liebe Leser, und ich selbst, der Kolumnist, gemeint.

Ich will hier keine Lanze für Selbstsucht brechen. Natürlich sind wir glücklich, wenn andere glücklich sind. Aber es gibt auch das Phänomen, das die amerikanische Bestsellerautorin Pearl S. Buck wunderbar so beschrieben hat: *„Viele Menschen versäumen das kleine Glück, während sie auf das große vergebens warten."*

Ich habe die Erfahrung gemacht, dass beide Arten von Glück manchmal gar nicht weit voneinander entfernt sind. Manchmal ist das kleine Glück auch das große.

Das hoffe ich für Sie zum Weihnachtsfest.

Des Lebens Ruf wird niemals enden

„Und jedem Anfang wohnt ein Zauber inne, der uns be-
schützt und der uns hilft, zu leben."

Mit diesen wunderbaren Worten beginnt das Gedicht
„Stufen" von Hermann Hesse. Es ist wie ein Motto für diese Tage, die ersten im neuen Jahr.

2020 – ein Jahr ist so lang! Trotzdem empfindet es jeder
anders. Für die ganz Kleinen ist schon ein Tag ein großes
Abenteuer. Wie sollen Mädchen und Jungen da zwölf Monate begreifen? Die Älteren wissen natürlich, wie schnell
und auch wie ähnlich ein Jahr sein kann. So viel Routi-
ne, so viel schon erlebt, aber viele Dinge, auf die man sich
freuen kann.

Der Dichter Hesse formuliert es so:
„Es muß das Herz bei jedem Lebensrufe
bereit zum Abschied sein und Neubeginne."

Diesem Neuen sich zu stellen fällt vielen nicht leicht.
Denn was die Deutschen bewegt, ändert sich von Jahr
zu Jahr kaum, wie aktuelle Umfragen belegen: Gesundheit, Arbeitsplatz, Familie, Wohlstand. Dann erst die sogenannten großen Themen wie Umweltschutz, Weltwirt-
schaft, Finanzkrisen.

Aber was heißt schon große und kleine Themen? Es
gibt einen Witz, der die sogenannten kleinen und großen

Dinge treffend auf die Schippe nimmt: Ein Ehepaar wird gefragt, wie es sich das Familienleben einteilt. Ganz einfach, sagt der Mann, ich kümmere mich um die großen Fragen, meine Frau um die kleinen.

Was sind die kleinen? In welche Schule sollen unsere Kinder gehen, wo machen wir Urlaub, welches Auto sollen wir kaufen?

Und die großen Fragen, um die Sie sich kümmern? Ob die Bundeswehr sich stärker in Mali engagieren soll. Wie soll man die Buschfeuer in Australien bekämpfen ...

Es ist, wie gesagt, ein Witz, liebe Leser. Aber mit einem wahren Kern. Es gibt eigentlich keine großen und kleinen Fragen. Für die meisten für uns sind die großen und kleinen gleich wichtig.

Und was immer 2020 auf uns zukommt – im Kleinen wie im Großen – seien wir bereit und zuversichtlich, auch wenn sich Dinge ändern. Hermann Hesse: *„Des Lebens Ruf an uns wird niemals enden, wohlan denn, Herz, nimm Abschied und gesunde!"*

Ehrt die kleinen Dinge – sie waren mal ganz groß

Vielleicht ist es Ihnen in diesem Jahr auch schon aufgefallen: Sie fahren durch eine Straße, die Sie gut kennen, und irgendwann denken Sie sich – hier sah es doch vor Kurzem noch anders aus. Was hat sich nur verändert?

Tatsächlich muss man nachdenken, wenn etwas nicht mehr dort ist, wo es immer gewesen war. Das kleine Geschäft an der Ecke zum Beispiel. Es war ein Süßwarenladen, den eine alte Dame in der dritten Generation geführt hat. Wie lange ist es her, dass Sie mit ihr gesprochen hatten? Einen Monat? Ein Jahr? Oder noch länger? Hatte sie Ihnen nicht damals schon gesagt, dass sie wohl bald aufgeben muss: *„Zu wenige Kunden, meine Bonbons will keiner mehr, und sind wohl teurer als die in den Supermärkten."*

Und da haben Sie sich vorgenommen, die liebe Dame öfter zu besuchen und ein bisschen was bei ihr zu kaufen. Sie haben es nicht getan, und Sie haben nicht einmal gemerkt, wann der Laden dichtgemacht hat.

Dies alles ist kein Vorwurf, vielen von uns ist Ähnliches passiert. Mir auch. Man muss ja nicht in den sogenannten Tante-Emma-Läden kaufen (sofern es sie noch gibt). Dann darf man sich aber nicht ärgern, wenn es sie nicht mehr gibt.

Was heißt ärgern? Was jahrzehntelang das Bild eines Stadtteils, einer Gemeinde, eines Dorfes prägte und plötzlich verschwindet, erregt kein Ärgernis, sondern eher Trauer bei uns und in uns. Es ist wie ein Stück von uns selbst, das plötzlich nicht mehr da ist.

Es gilt für so vieles, jeder hat da seine eigene Erfahrung. Der kleine Schuster, der sich zwischen dem Copyshop und der Drogeriekette so lange gehalten hatte und eigentlich in diese Umgebung nicht mehr passte – was heißt *„er passte nicht?"* Die neue Zeit hat ihn überrollt, obwohl doch jeder einen Schuster braucht. Aber die im Kaufhaus, die auch Schlüssel nachmachen und Schlösser verkaufen, sind billiger und schneller.

Was auch viele kennen: Der kleine Italiener nebenan, in dem noch vor gar nicht langer Zeit Chianti in Korbflaschen ausgeschenkt wurde, ist plötzlich nicht mehr da. Leider war ich, der Autor dieser Kolumne, auch lange nicht mehr da. Mein junger Kollege Alexander (23) erzählt, dass in seinem Bezirk in Berlin-Friedrichshain ein Imbiss dichtgemacht hat, weil – so sagte es ihm der Inhaber – immer mehr Kunden nach ayurvedischen und veganen Gerichten fragen statt nach Chicken Nuggets. Alexander: *„Und die mochte ich so!"*

Zum Jahresende sind allein in Berlin drei Kinos geschlossen worden. Dort wurden Filme gezeigt, die es sonst fast nirgends zu sehen gab. Die französische Obdachlosenkomödie „Alles außer gewöhnlich" zum Beispiel oder „Obietnica" – im polnischen Original natürlich.

Gibt es eine Lehre aus all diesen Beobachtungen und Gedanken?

Ich glaube schon. Wir können die Zukunft nicht aufhalten, und das sollten wir auch nicht. Aber wir können versuchen, ein bisschen von dem zu bewahren, was unser Leben mitgeprägt hat:

Die alte Schusterei eben, der kleine Buchladen, das in die Jahre gekommene Geschäft nebenan.

Ehren wir die kleinen Dinge. Denn sie waren mal ganz groß.

Urlaub auf Insta –
ein Stück Sommer in mir

Wie bunt ist die Welt in diesen Tagen! Der Weihnachtsurlaub scheint gar nicht aufzuhören – wenn man Instagram, Facebook und Co. betrachtet. Meine junge Mitarbeiterin Alica postet aus Phuket. Küsschen für ihren Freund, Küsschen für die Daheimgebliebenen. Wusste gar nicht, dass es in Thailand so viele Palmen gibt.

Mein Freund und Kollege Alfred streichelt in der Kapregion Südafrikas einen Elefantenrüssel, andere posten aus Bali in Indonesien, genauer aus Nusa Penida (nie vorher gehört). Und immer strahlen dich fröhliche, glückliche Menschen an, die 20.000 Kilometer von dir entfernt sind und irgendwie doch ganz nah.

Ich finde das toll. Ich freue mich über sie und mit ihnen. Ich freue mich aber auch über die vielen Kommentare unter den Fotos, obwohl ich die Leute oft nicht persönlich kenne. Durch diese Fotos und Videos werden sie irgendwie lebendig. Und mit ihnen fühle ich ein Stück Sommer in mir.

Kleine Rückblende. Wie viele Postkarten habe ich in meinem Leben verschickt, auf der man eine Hotelburg sah und ich mit Kugelschreiber das Fenster X im 17. Stock eingekreist habe! Text: *„Da wohnen wir!"* Damit die Lieben zu Hause Bescheid wussten ... Und die Postkarten, wer erinnert sich nicht daran, lagen meist erst im Briefkasten, wenn man schon längst wieder zu Hause war.

Kein Wunder: Man hat sie ja erst am Urlaubsflughafen eingeworfen. Hauptsache, der Poststempel war drauf – aber der vom Urlaubsland.

Zurück daheim sammelte man die abgeknipsten Filme und brachte sie zum Fotohändler. Bitte Express, wer mag schon eine Woche warten! Dann, zwei Tage später, den Umschlag aufgerissen und die Fotos betrachtet. Der Urlaub war wieder da, oft nicht wirklich charmant: Schlagschatten, unscharf, zu viel Sonne, zu wenig Sonne und rote Augen. Aber irgendwie toll. Schau mal, Schatz, da waren wir ...

Die Professionellen unter uns machten Dias. Die wurden dann bei den gefürchteten Diaabenden vorgeführt. Lange, langweilige Stunden, bei denen mancher einschlief. Aber man wollte eben zeigen, was man erlebt hatte. Man war stolz. Urlaub, natürlich die schönste Zeit des Lebens.

Und heute nutzen die jungen Leute die Möglichkeit, sich und ihre Freunde in Istzeit zu zeigen. Keine Schatten, alle sehen gut aus, den Fotoshops der Handys sei Dank.

Was ist eigentlich dagegen zu sagen? Wir haben unsere schönen Fotos auch gerne gezeigt – nur nicht so vielen. Das ist heute einfacher: Ein Klick und 5.000 Follower oder mehr staunen, lächeln, freuen sich. Vielleicht sind ein paar davon auch neidisch. Aber das gehört auch zu einem tollen Urlaub.

So ist das mit den sozialen Medien. Oft werden sie verflucht, als gefährlich verschrien, bespöttelt. Aber ist es nicht toll, dass man innerhalb von Sekunden Familie, Freunden und Kollegen zeigen kann, dass es einem gut geht – egal, in welcher Zeitzone man ist? Nach dem Motto: Seht her, die Welt ist schön!

Und wissen Sie, was das Tollste am neuen Urlaubsfoto-Feeling ist? Sie können sich jederzeit zurückbeamen in die aufregendsten Tage des Jahres. Nehmen Sie nur Ihr Handy. Da sind alle Erinnerungen drauf.

Reden Sie bitte – aber nicht zu kurz!

„Hätten Sie mal kurz Zeit für ein Interview?" Das war die erste Frage des „Zeit"-Magazins an einen Münchner Manager. Seine Antwort: *„Genau dieses ‚kurz' ist die Wurzel allen Übels: auf der Arbeit wie zu Hause."*

Wie recht er hat, finde ich. Und was für ein Quatsch ist doch das Sprichwort: Reden ist Silber, Schweigen ist Gold. Jedenfalls in der heutigen Zeit. In einer neuen Umfrage beklagt sich jeder dritte Deutsche über mangelnde oder falsche Kommunikation.

Die Frage *„Hast du mal kurz fünf Minuten?"* kommt mir selbst oft über die Lippen. Sie hören Ähnliches jeden Tag auf Ihrer Arbeit, im Freundeskreis, zu Hause. Und jeder, der das fragt, weiß: Eigentlich brauche ich mehr Zeit als ein paar Minuten. Aber irgendwie traue ich mich nicht, dies meinem Gegenüber zu sagen.

Es ist ein Grundbedürfnis, reden zu dürfen. Allein deshalb gehen viele Menschen zum Arzt. Nicht nur, weil sie sich krank fühlen, oft auch weil sie einen Gesprächspartner suchen. Das ist statistisch belegt.

Wie zynisch ist deshalb ein Satz wie: *„Der sabbelt mich voll und erzählt mir sein ganzes Leben."* Ist es nicht vielmehr eine Ehre, wenn man vertrauenswürdig genug ist, sich Dinge anzuhören, die Menschen wichtig sind?

Ich möchte Ihnen eine Geschichte erzählen.

Eine mir unbekannte junge Frau rief mich vor Kurzem auf dem Handy an und sprach mich mit meinem Spitznamen an, den eigentlich nur Familienangehörige und ganz enge Freunde kennen und benutzen. Ich sei, so sagte sie mir, der erste Freund ihrer Mutter gewesen. Und auch deren erste Liebe. Ihre Mutter sei in der vorigen Woche an Krebs gestorben.

Und sie, die Anruferin, habe davor eine ganze Nacht mit ihrer Mutter über deren Leben, Glück, Trauer und über den absehbaren Tod gesprochen. *„Dies war",* so die junge Frau, *„das längste, wichtigste, traurigste – aber auch das schönste Gespräch meines Lebens."*

Ich war berührt von diesem Anruf, ich hatte seit Jahrzehnten nichts mehr von ihrer Mutter gehört. Wir hatten uns *„damals"* – in München – getrennt. Das damals ist für mich heute wie ein anderes Leben.

Zugegeben: Diese Art von Gesprächen ist selten, nur die wenigsten von uns führen sie. Im beschriebenen Fall war es eine Art Gnade für beide – Mutter wie Tochter.

Was können wir aus dieser Geschichte indirekt in unseren Alltag übertragen? Eventuell dies: Reden Sie mit den Menschen, die Ihnen wichtig sind. Und vor allem: Reden Sie, solange es nötig ist. Denn Reden ist ein Geschenk.

Und das Zuhörenkönnen natürlich auch. Vor allem aber: Reden Sie, solange es möglich ist. Sonst werden Sie es vielleicht ein Leben lang bedauern.

Frühlingsgefühle – spüren Sie es auch schon?

Manchmal kommen Frühlingsgefühle ganz überraschend und vor allem sehr früh: Bei mir war es ein Spatz, der in dieser Woche in einem Berliner Lokal durch den Gastraum flatterte und dabei ununterbrochen fröhlich piepste. Wie immer er reingekommen war: Die Gäste formten Brotkrumen und legten sie vor sich hin. Der Spatz hüpfte von einem zum anderen Tisch und pickte alles auf. Irgendwann flatterte er mit seiner Mahlzeit davon. Möge er satt und zufrieden den Weg zu seinen Artgenossen gefunden haben ...

Was hat das mit Frühling zu tun? Und warum war der Spatz fröhlich, mag der eine oder andere denken.

Klingen die nicht immer fröhlich?

Meine ehrliche Antwort: Ich habe keine Ahnung. Aber ich habe ein Gefühl. Und ich glaube, das habe ich nicht allein. Das Gefühl heißt: Es liegt was in der Luft. Irgendwas ist anders als sonst. Der Lyriker Eduard Mörike hat es unverwechselbar, wie mit gemalten Worten, beschrieben:

Frühling läßt sein blaues Band
Wieder flattern durch die Lüfte;

Süße, wohlbekannte Düfte
Streifen ahnungsvoll durch das Land.
Veilchen träumen schon,
Wollen balde kommen.

Ganz nüchtern betrachtet und fast 200 Jahre später: In den nächsten Tagen wird es nach Mörike-Art tatsächlich frühlingsmilde, sagen die Meteorologen. Schon der Dezember war im Mittel rund drei Grad wärmer als üblich. Und das soll in den nächsten Wochen auch so bleiben.

Wer jetzt durch einen Park geht oder im eigenen Garten ist, kann den Vorfrühling fühlen und hören. Amseln und Meisen zwitschern, im Wald kann man womöglich das Pock-pock eines Spechts hören, der sich eine Höhle baut.

Vielleicht summt sogar eine Hummel. Alles Zeichen, dass die Natur erwacht – sie erwacht zu neuem Leben.

Und wir Menschen? Untersuchungen haben bewiesen, dass es so etwas wie Erholung vom Winter gibt. Das stärkere Licht hat eine positive Auswirkung auf die Psyche, sagen Wissenschaftler. Es ist so, als würden die Temperaturen draußen wie ein Spiegelbild unserer inneren Verfassung sein: jeder Grad mehr ein Grad mehr gute Laune.

Wenn wir das Wort „Frühlingsgefühle" hören, denken wir aber (hoffentlich) nicht nur an Baumhöhlen, Spatzen und Hummeln.

Wir müssen gar nicht denken, finde ich. Es ist einfach in uns, das neue Leben, das aus dem Winterschlaf erwacht ist: Freude auf das Kommende, der Wunsch nach Zärtlichkeit, ein Hauch von Lust.

Wie schön, dass es das gibt. Lassen wir uns doch in dieses Abenteuer stürzen, das so selbstverständlich scheint – und doch so einmalig ist. Es heißt: Leben.

Ruhestand – erst Wehmut, dann Entspannung

Er kommt, und man weiß meist schon lange vorher, wann es so weit ist: der letzte Arbeitstag. Trotzdem sind diese finalen Stunden in einer Firma, in der man viele Jahre, vielleicht Jahrzehnte gewesen war, etwas Besonderes. Leider manchmal auch besonders bitter.

Zwei von drei Deutschen, die berufstätig sind, haben Angst vor dem letzten Arbeitstag – aber mehr als die Hälfte freut sich gleichzeitig auf den Ruhestand. Das ist kein Widerspruch. Vor der Entspannung kommt die Wehmut. Der österreichische Dramatiker Arthur Schnitzler fand die schönen Worte:

Der Abschied schmerzt immer, auch wenn man sich schon lange auf ihn freut.

Ich möchte heute aus einem Brief zitieren, den mir BILD-Leserin Ellen geschrieben hat. Es geht um *Ihren* letzten Tag am Arbeitsplatz. Und das ist, glauben Sie es mir, ist ein ganz besonderer.

„Die Feiertage dieses Jahr finden für mich zum letzten Mal nach 46 Jahren im Dienst des Nächsten statt, als Krankenschwester auf einer Entbindungsstation",

schreibt Ellen. Wenn man alle Feiertage arbeiten müsse wie sie, wisse man gar nicht, wie und ob man an sich selbst denken kann.

„An erster Stelle kommt der Dienst und dann lange nichts. Da ich 2020 in Rente gehe, muss ich das nächste Weihnachtsfest ohne Arbeit wohl erst lernen ..."

So bescheiden dieser Brief formuliert ist – er birgt, so finde ich, gewaltige Sprengkraft.

Eine Frau, die ein Leben lang im wörtlichen Sinne Leben geschenkt hat, denkt bis zuletzt an ihre Pflicht, wie sie es nennt. Sie hat fast ein schlechtes Gewissen, weil sie in Zukunft an Feiertagen nicht mehr helfen kann, Kinder auf die Welt zu bringen – und Müttern die Schmerzen zu lindern.

Normalerweise sind letzte Arbeitstage mit mehr oder weniger ehrlichen Abschiedsworten verbunden. Es gibt Unternehmen, in denen solche Worte von Herzen kommen und auch so gemeint sind. In anderen Fällen spürt man die lästige Pflicht des Chefs, „ein paar Worte" zu sagen. Und die Person, um die es geht, findet auch nur schwer die passenden Sätze. Was soll man auch sagen, wenn das, was ein ganzes Leben war, plötzlich endet?

Im Fall der BILD-Leserin Ellen ist es anders, denke und hoffe ich. Wer sich so aufgeopfert hat ein Arbeitsleben lang, der kann nur liebevolle Kollegen haben, die das anerkennen und wirklich traurig sind zum Abschied (das Wort „aufopfern" möge sie mir verzeihen).

Ich habe mir erlaubt, eine kleine Rechnung aufzumachen – und auch die mögen Sie mir, liebe Leser, und Sie, liebe Ellen, bitte verzeihen.

Bei zwei Entbindungen am Tag kommt man in 46 Jahren (abgerechnet Urlaube, freie Tage, Krankheiten) auf 21.160 Geburten. Ich möchte diese Zahl wiederholen: einundzwanzigtausendeinhundertsechzig Babys, die Ellen auf die Welt gebracht hat. Die Jüngsten ihrer Kinder krabbeln noch nicht einmal, die Ältesten haben selber Enkel.

Wir haben hier eine wahre stille Heldin. Eine Frau, die mir schrieb, weil sie bald ihren letzten Arbeitstag hat und sich ein bisschen davor fürchtet. Und die nur im Nebensatz sagt, was für eine gewaltige Lebensleistung sie vollbracht hat – und wie normal sie dies als ihre Pflicht ansieht.

Dies ist der Moment, liebe und verehrte Ellen, Sie zu feiern. Genießen Sie Ihren Ruhestand. Sie haben ihn sich wirklich verdient.

Schön, dass es das Krüstchen gibt

Wissen Sie, warum die deutsche Sprache so schön ist?

Es liegt am Endstück!

BILD-Leser Harald Jürgens aus Kaiserslautern schrieb mir: *„Wir saßen alle beim Frühstück zusammen. Brötchen und geschnittenes Vollkornbrot, obendrauf das*

Endstück – bei uns betitelt als Knerzje. Meine Tochter schaute im Internet nach: Es gibt mehr als 200 Namen für dieses Endstück. Unsere Jungs lachten sich halb krank, jeder von uns lachte. Es war ein schöner Tagesanfang."

Ich danke dem Leser Jürgens. Seine Familie und er haben auf leichte Weise etwas Tiefes herausgefunden, finde ich: Die deutsche Sprache ist wunderbar facettenreich, vielfältig und schön. Bleiben wir beim Beispiel „Endstück". Es heißt – beliebig ausgewählt - Kanten (Berlin), Ranft (Bayern), Knust (Hamburg), Krüstchen (Hessen), Endle (Baden-Württemberg), Rändl (Sachsen), Rungsen (Sachsen-Anhalt).

Diese Begriffe sind stark landsmannschaftlich geprägt. Aber sie widerspiegeln auch, wie sich die deutsche Sprache jahrhundertelang in typischer und manchmal drastischer Art erhalten hat.

Der deutsche Wortschatz wird auf 300.000 bis 500.000 Wörter geschätzt. Natürlich wird diese riesige Wortmasse nicht täglich benutzt. Viele Fachbegriffe sind dabei, viele Wörter sind vom Aussterben bedroht.

Zum Beispiel die Ahle, mit deren Hilfe man Löcher stechen kann und die es seit der Steinzeit gibt. Es ist ein schönes deutsches Wort, das leider immer weniger kennen. Oder aus der Reitersprache: die Trense. Sie ist ein Teil des Zaumzeugs zum Reiten des Pferdes. Der Begriff ist 400 Jahre alt. Wer kennt ihn noch, außer denen, die die Trense halten?

Ist es nicht toll, dass wir über solche schönen Begriffe verfügen? Unsere Sprache bringt uns zum Staunen, zum Lachen, zum Nachdenken – je nach Kraft der Worte.

Viele beklagen, dass Bildung in Deutschland nicht mehr wichtig genug sei. Und sie meinen die klassische Bildung. Wissen Sie, warum ich bestimmte Klassiker nach wie vor oder vielleicht mehr denn je gerne lese? Es ist die Schönheit der Sprache.

Die jungen Menschen zum Beispiel hatten immer ihre eigene Sprache, in jeder Generation. Wir sagten (in Berlin) „dufte", „knorke", „schnafte". Heute sagt man „cool" oder „mega".

Die flapsige Sprache schließt das Ernsthafte doch nicht aus. In allen Generationen bis hin zu Sokrates beschwerten sich die Alten über die Sprache der Jungen. Lassen Sie uns gelassen bleiben. Manchmal sage ich „mega" – und meine Heinrich Heine. Oder ist dieses Gedicht etwa nicht „mega"?

Schattenküsse, Schattenliebe,
Schattenleben, wunderbar!
Glaubst du, Närrin, alles bliebe
Unverändert, ewig wahr?
Was wir lieblich fest besessen,
Schwindet hin, wie Träumereien,
Und die Herzen, die vergessen,
Und die Augen schlafen ein.

In diesen beiden Vierzeilern stecken viel mehr Weisheit und Klugheit, viel mehr Lebenserfahrung als in 1000

Talkshows. So viel Wehmut und irgendwie auch Hoffnung: Das alles ist Heinrich Heine.

Und das ist die deutsche Sprache.

Sophie Scholl – ein Vorbild für unsere Zeit

Suchen wir nicht alle nach Vorbildern, Idolen, nach Helden? Ich selber habe mir diese Frage schon früh in meinem Leben gestellt und beantwortet: Meine Heldin ist Sophie Scholl. Heute jährt sich der Tag, an dem sie und ihr Bruder vom Volksgerichtshof verurteilt und Stunden später hingerichtet wurden.

Die Weiße Rose – eine Geschichte von Zivilcourage und Tapferkeit, die uns heute noch bewegt. Mehr noch: die noch immer ein Vorbild sein kann, besonders für junge Leute.

Zur Erinnerung: Das Geschwisterpaar Sophie und Hans Scholl und andere junge Leute gehörten zu der Widerstandsgruppe, die während des Zweiten Weltkriegs gegen den Nationalsozialismus rebellierte. Sie verfassten Flugblätter gegen Hitler und verbreiteten sie unter Lebensgefahr.

Sophie Scholl, ein zartes, musisch begabtes Mädchen aus Forchtenberg (Baden-Württemberg) sah, was Millionen hätten sehen können: das Unrecht und die Willkür der Nazis. Und tat etwas dagegen.

Heute vor 77 Jahren sagte Sophie Scholl die Worte: *„Es fallen so viele Menschen für das Regime. Es wird Zeit, dass jemand dagegen fällt.“* Und ihr Bruder Hans vor dem berüchtigten Präsidenten des Volksgerichtshofes Roland Freisler: *„Was ich damit auf mich nahm, wusste ich und habe auch damit gerechnet, dadurch mein Leben zu verlieren.“*
Diese Sätze sind heute in ihrer Tiefe und Bedeutung nur schwer zu erfassen. Da kleben junge Leute nachts Plakate an die Wände, obwohl sie wissen, wie gefährlich das ist. Und: Sie wissen, dass sie vielleicht ein Zeichen setzen können, das Mordregime aber nicht stürzen. Ist das ein Leben wert?

Hier zeigt sich die eigentliche Größe der Mitglieder der Weißen Rose, finde ich. Sie taten etwas, weil sie überzeugt waren, dass es jemand tun muss.
Sophie Scholl ist tapfer und entschlossen geblieben, buchstäblich bis zur letzten Sekunde. Obwohl man ihr Leben schonen wollte, wenn sie sich als „Mitläuferin“ ihres Bruders bekennen und von der Weißen Rose lossagen würde. Sie hat es nicht getan.

Wenn ich mir heute das Porträt von Sophie Scholl anschaue, kommt mir vor allem ein Gedanke: Welche Kraft, liebe Sophie, steckte in dir, um das zu machen, was andere eben nicht gemacht haben? Du hast die Natur geliebt, wunderschön gezeichnet, kluge Briefe geschrieben, deine Eltern verehrt. Du warst so, wie damals Millionen junger Frauen waren. Und doch ganz anders.

Die Geschwister Scholl sind die häufigsten Namens-geber deutscher Schulen. Bei der letzten Zählung trugen 187 Lehranstalten diesen Namen. Jedes Jahr kommen zwei neue dazu.

Sophie Scholl und die Weiße Rose haben die Nazis nicht stürzen können. Aber ihr Mut und ihre Tapferkeit haben überlebt – bis heute.

Kann man irre werden vor Liebe?

Die Wangen röten sich, das Herz schlägt schneller, Durchblutung geht buchstäblich bis in die Lenden. Und der Kopf? Was soll man sagen ... Jeder, der es erlebt hat, weiß, dass der Kopf nicht mehr zu dem taugt, wofür er vorgesehen ist. Die Ordnung ist vorbei, das Getöse hat begonnen. Und die berüchtigten Schmetterlinge im Bauch – so unsinnig sie biologisch sein mögen: Es gibt sie. Ich habe sie erlebt, Sie auch.

Warum ich das alles erzähle? Schauen Sie raus, schnuppern Sie, gehen Sie spazieren: Krokusse, Forsythien, Mandelbäumchen – sie alle fangen an zu blühen und sagen uns: Es ist der kleine Frühling vor dem großen. Das Leben hat wieder begonnen. Zeit für die Liebe.

Der Dichter Erich Fried hat diese Sehnsucht in Worte gemalt:

Gesetzt ich verliere dich
und habe dann zu entscheiden
ob ich dich noch einmal sehe
Und ich weiß
Das nächste Mal
bringst du mir zehnmal mehr Unglück
und zehnmal weniger Glück
Was würde ich wählen?
Ich wäre sinnlos vor Glück
dich wiederzusehen

Man kann tatsächlich und buchstäblich irre werden vor Liebe, wie Erich Fried es unvergleichlich formuliert. Wir wissen nicht, ob der Dichter selbst erlebte, was er beschreibt. Aber ist das so wichtig?

Ist es nicht so, dass in jedem von uns Gedanken dieser oder ähnlicher Art schlummern? Weil Liebe das stärkste positive Gefühl ist, dass der Mensch kennt. Und Liebe kann in vielen Gewändern auftreten. Ich liebe meinen Partner. Ich liebe meine Kinder. Ich liebe die Natur. Ich liebe die Schöpfung. Und ein bisschen, warum denn nicht, liebe ich mich selbst. Es ist so vieles liebenswert, wir müssen es nur erfühlen. Und wir müssen es zulassen. Wie dankbar sollten wir sein, dass wir lieben können.

Und das vielleicht Überraschendste: Nach Jahren, ja nach Jahrzehnten, können wir uns an Momente erinnern, die uns einmal bewegt haben. Es genügt ein Foto von der Hochzeit. Es kann der Satz einer Freundin sein, die Vergangenes zum Schwingen bringt.

Bei mir ist es mein altes Notizbuch. Viele Namen, viele Menschen. Manche, die mir einst viel bedeutet haben, sind leider nicht mehr am Leben. Bei manchen würde ich gerne wissen, was aus ihnen geworden ist.

Aber es gibt auch Namen und Telefonnummern, da steigt ein Zauber auf. Und mit ein bisschen Glück kann man es zurückholen – dieses einmalige, unverwechselbare Gefühl, als das Herz schneller schlug und der Kopf nicht mehr taugte, wofür er vorgesehen war.

Wie wunderbar, denke ich dann, dass ich das erleben durfte.

Es gibt sie – eine Welt ohne Corona-Angst

Ich schaue fern, ich lese Zeitung, schalte ins Internet – die ganze Welt redet von Corona. Man hat den Eindruck, man darf keine Türklinke mehr anfassen, nicht ins Stadion gehen, nicht auf Marktplätze.

Zeit zum Innehalten. Es gibt eine Welt ohne Corona-Angst. Und sie ist bei Ihnen um die Ecke.

Wenn Sie spazieren gehen, liebe Leser, kommen Sie auf völlig andere Gedanken. In der Ruhe des Waldes sind Sie weit weg von Corona.

„Ich wollt dich längst schon wiedersehen", sang Alexandra einst mit unvergessen tiefer Stimme.

„Mein alter Freund aus Kindertagen
Ich hatte manches dir zu sagen
und wusste du wirst mich verstehen

Als kleines Mädchen kam ich schon
zu dir mit all den Kindersorgen
ich fühlte mich bei dir geborgen
und aller Kummer flog davon"

An der Schönheit und am Inhalt dieser Worte hat sich nichts geändert – bis heute. Die Wissenschaft bestätigt: Einen Baum zu umarmen ist gesund. Es entspannt und macht uns glücklich.

Wo gibt es sonst eine solche Freiheit wie im Wald? Jeder Baum, so könnte man sagen, hat eine eigene Persönlichkeit. Kein Geräusch, außer wenn sich der Wind in den Blättern wiegt.

Glauben Sie mir: Niemand will Corona unterschätzen. Und es ist gut, dass wir uns so viel damit beschäftigen. Unsere Herzen sind bei den Kranken. Aber jeder hat auch, so finde ich, das Recht abzuschalten, mal an was Schönes zu denken.

Udo Lindenberg fällt mir ein, direkt zum Mitpfeifen:
Hinterm Horizont geht's weiter
Ein neuer Tag
Hinterm Horizont immer weiter
Zusammen sind wir stark

Ist das Flucht? Darf man vor Problemen einfach abtauchen? Und wenn man das tut, muss man ein schlechtes Gewissen haben?

Die Antwort muss sich jeder selbst geben. Ich finde aber, um uns in der Welt einzuordnen, sollte man gelegentlich in sich selbst hineinhorchen. Was hören wir dann?

Wir hören, dass wir ein kleiner Teil des großen Ganzen sind. Gerade im Wald lassen sich die Probleme des Alltags vergessen.

Es ist so, als wenn Sie durch die Wolken fliegen: von oben betrachtet verliert vieles an Bedeutung, was uns sonst so wichtig erscheint. Und so ist es auch, wenn wir nach oben zu den Baumwipfeln schauen.

Wenn Sie dann wieder zu Hause sind, haben Sie vielleicht genug Kraft getankt gegen die Krisen der Welt.

Der Volksmund hat es wunderbar formuliert, auch wenn er eigentlich was anderes meint: Wie man in den Wald hineinruft, so schallt es heraus.

Wie schön ist es, mal nichts zu planen

Sicher ist es Ihnen schon passiert und Ihrem Nachbarn auch: Die Frage, wo man dieses Jahr Urlaub macht, scheint gerade reichlich sinnlos. Keiner weiß, ob die Ziele, von denen man träumt, auch erreichbar sind.

Wir leben auf gewisse Weise von einem Tag zum andern.

Bei allen Unsicherheiten, die wir gerade ertragen müssen – wie schön ist es, mal nicht planen zu können.

Wir sind in diese Planlosigkeit gezwungen worden, aber nehmen wir sie doch positiv an.

Jetzt ist es Zeit, Verrücktes zu machen.

Warum nicht Rosamunde Pilchers „Besetzte Herzen" schauen (Traumtänzer baut Traumhaus für Traumfrau, heute 13.45 Uhr im ZDF)? Das Schöne ist: Sie haben den ganzen Tag dann noch vor sich und können einen darauf trinken.

Überhaupt: fernsehen, fernsehen, fernsehen. Wird schon was dabei sein.

Meine junge Kollegin Alica liebt es, mit ihrem kleinen Sportwagen über Brandenburger Stoppelfelder zu fahren (natürlich nur, wo es erlaubt ist). *„Und dann höre ich ‚Summer of 69' von Bryan Adams. Immer wieder und wieder."*

Meine Kollegin Pauline freut sich auf etwas, was sie gerne macht, wozu sie aber selten kommt. *„Bald beginnt die Rhabarbersaison, und ich bin schon ganz verrückt auf meinen ersten Kuchen."*

Was Sie sich noch vornehmen können, ohne viel zu planen:

In alten Tagebüchern lesen oder Fotoalben durchblättern, mit der Familie kniffeln, Kreuzworträtsel lösen, Petersilie, Schnittlauch, Lavendel und Rosmarin auf dem Balkon pflanzen. Im Sommer schmecken die Kräuter dann besonders gut.

Holen Sie Ihre Räder aus dem Keller, und ab geht's zum nächsten Tümpel. Nehmen Sie doch so viel Gepäck mit, dass Sie übernachten können. Feel like a Teenager.

In dieser Aufzählung fehlt natürlich das sprichwörtliche „gute Buch". Das lesen Sie ja sowieso.

Und wissen Sie, wenn Sie das alles gemacht haben oder das alles doof finden: Ein Stück Langeweile gehört auch zum Leben.

Machen Sie sich nicht verrückt. Die Langeweile tut Ihrer Seele gut.

Die Stunde der stillen Helfer

Ein Video im Internet zeigt, wie Männer und Frauen um Toilettenpapier kämpfen: Es wird gekeift, gezetert, geschubst. Es ist die dunkle Seite der Menschen, und sie ist dieser Tage leider anzutreffen.

Kein Video gibt es von der anderen Seite des Miteinanders. Ich spreche von jenen, die sich auf besondere Weise für Menschen einsetzen.

Da ist – ich gestatte mir, sie beim Namen zu nennen – die Ärztin Astrid Tributh aus Potsdam. Sie meldete sich freiwillig, in einem Zelt vor einem großen Krankenhaus Männer und Frauen nach möglichen Anzeichen für eine Corona-Infizierung zu untersuchen, um sie, wenn nötig, dann ins Krankenhaus weiterzuleiten.

Und sie hat es obendrein auch noch hingekriegt – von einem Tag auf den anderen –, weitere Kollegen in Potsdam für diese Arbeit zu aktivieren.

Da ist die Autorin Ronja von Rönne. Sie hat in ihren Hausflur einen Zettel gehängt: *„Liebe Nachbarn, sollten Sie an einem schwachen Immunsystem leiden, zur Risikogruppe für das Coronavirus gehören oder schlicht und einfach älter sein, möchten wir Ihnen in der kommenden Zeit gerne unsere Hilfe bei Besorgungen und Ähnlichem anbieten. Zögern Sie nicht, bei uns zu klingeln. Wir helfen gerne!"*

Wie kommt es, dass Menschen sich so verschieden verhalten in Zeiten der Krise? Liegt es daran, dass sie per se gut sind – oder böse? Oder dass bestimmte Eigenschaften sich in Zeiten der Not verstärken – Menschen sozusagen ihr wahres Gesicht zeigen, wenn es eng wird?

Kann es sein, dass wir uns sogar verändern und plötzlich Dinge zum Vorschein kommen, von denen wir selber nicht wussten, dass sie in uns stecken?

Ich glaube zutiefst, dass Menschen anderen gerne helfen. Nicht zuletzt, weil sie wissen, auch sie könnten auf die Hilfe anderer angewiesen sein.

So helfen sie im Stillen. Diejenigen, die Gutes tun, wollen meist gar nicht, dass man darüber spricht. „Das ist doch selbstverständlich!", sagen sie. Im Rampenlicht stehen eher die, die negativ auffallen.

Jetzt zeigt sich, wie wichtig die einfachen Dinge sind. Man lehnt sich zu Hause zurück und denkt: Schön, dass ich hier sein kann, schön, dass ich euch hab (Familie, Freunde, Partner). Und: Kartoffeln hab ich übrigens auch. Und ein Bier im Kühlschrank.

In schweren Zeiten zeigt sich, wie Dinge des Alltags unser Leben beseelen.

Im „Abendlied" des grandiosen Dichters Matthias Claudius (1740–1815) heißt es am Schluss:

„Verschon' uns, Gott mit Strafen,
Und lass uns ruhig schlafen!
Und unsern kranken Nachbarn auch!"

Klingt, als hätte er diese Zeilen für uns in unserer Zeit geschrieben?

Innehalten – jetzt ist die Zeit für einfache Dinge

Geht es Ihnen auch so, dass man sich nach guten Nachrichten sehnt? Es gibt sie, aber wir kriegen davon nicht viel mit. Während wir schlafen, forschen Tausende Wissenschaftler in der ganzen Welt nach einem Impfstoff gegen Corona. Niemand weiß, in wie vielen Laboren wer genau wann daran arbeitet. Was wir wissen: Mediziner kämpfen ohne Rücksicht auf ihre eigene Gesundheit mit dem Ziel, uns von der Weltkatastrophe zu befreien. Es sind die stillen, die selbstlosen Forscher, die nie im Fernsehen auftreten, weil sie in Laboren bei künstlichem Licht rund um die Uhr daran arbeiten. Einer dieser namenlosen Forscher hat womöglich den Schlüssel schon in der Hand – aber weiß es selber noch nicht.

Eine globale Heimsuchung wie Corona kann Kräfte freisetzen, von denen wir gar nicht wussten, dass es sie gibt.

Das gilt nicht nur für die Medizin. Es ist auch die Stunde der unbekannten Dichter und Denker. Wie klug und schön ist es, was jetzt eine anonyme Verfasserin im Netz veröffentlicht hat: *„Es könnte sein, dass die Einschränkung des Flugverkehrs für viele eine Freiheitsberaubung bedeutet ...*

Es kann aber auch sein, dass die Erde aufatmet, der Himmel an Farbenkraft gewinnt und Kinder in China zum ersten Mal in ihrem Leben den blauen Himmel er-

blicken. Sieh dir heute selbst den Himmel an, wie ruhig und blau er geworden ist.“

Es ist auch die Stunde der einfachen Dinge, die wir wieder-entdecken. Ganz ehrlich: Haben wir in letzter Zeit so intensiv mit unseren Kindern gespielt wie jetzt? Wann haben wir die Natur im anbrechenden Frühling, Bäume, Wiesen, Blumen so nachdenklich und intensiv betrachtet wie jetzt? Haben wir über unser eigenes Leben so intensiv nachgedacht wie jetzt: Wer bin ich eigentlich, was kommt auf mich zu, kann ich die schützen, die mir alles bedeuten?

Die französische Schriftstellerin Leïla Slimani schrieb kürzlich diese schönen Worte: *„Ich habe keine Angst, weil ich weiß, dass es vorbeigehen wird und wir wieder hinausgehen und uns berühren werden können. Manchmal denke ich, man müsste nichts anderes tun als leben. Einfach nur leben. Wäsche aufhängen, meinen Kindern Unterricht geben, ihnen zum hundertsten Mal die Geschichte des kleinen Bären und seines roten Balls vorlesen, kochen, im Gras sitzen und die Bäume anschauen.“*

Kann man das Leben einfacher, schöner und eindringlicher beschreiben? Nutzen wir die Zeit, die sich jetzt bietet. Sie ist da und wartet, mit schönen Dingen gefüllt zu werden. Lassen Sie uns zusammenrücken. Zeigen wir alle, was Freundschaft und Liebe wirklich wert ist.

Tun Sie jetzt, was Sie immer schon tun wollten

„Wie wichtig ist es, dass Sie jeden neuen Tag ergreifen wie einen Luftballon und zuschauen, wohin der Wind ihn trägt." Diese tiefen, schönen Worte stammen von Peter Bachér. Der ehemalige Chefredakteur von „Bild am Sonntag" und „Hörzu", Erfinder der Goldenen Kamera und Erfolgsautor ist ein Ur-Urenkel des Dichters Theodor Storm und eines meiner journalistischen Vorbilder. Vielleicht darf ich sagen: Er ist auch mein Freund.

Wie großartig passt dieser Gedanke in unseren derzeitigen Alltag. Vieles ist entschleunigt, völlig anders als sonst. Die polnische Literaturpreisträgerin von 2018, Olga Tokarczuk, fand für diesen Zustand wunderbare Worte: *„Immer wieder tauchen Bilder aus der Kindheit in mir auf, als es viel mehr Zeit gab und man sie ‚verschwenden' durfte, indem man stundenlang aus dem Fenster schaute …"*

Viel Zeit, viel Gutes. Kennt nicht jeder von uns etwas, das er schon immer mal machen wollte?

Ich zum Beispiel gehe an meinen Bücherschrank, blicke ehrfürchtig auf Shakespeares Werke. Jetzt wäre die Zeit, mal eines seiner großen Stücke wirklich zu lesen!

Wer spürt in diesen Tagen nicht das Bedürfnis nach schöner Musik? Nicht das Radio ein und aus, nein, was Besonderes. Zum Beispiel den „Frühling" aus den „Vier

Jahreszeiten" von Vivaldi. Und welch ein Glück in dieser unglücklichen Zeit: Wir haben das Internet! Früher musste man in den Plattenladen, um neue Musik zu kaufen. Heute hole ich mir alles per YouTube ins Haus. Klassik, Jazz, Pop, Schlager. Die besten Interpreten, die ausgefallensten Songs.

Besinnen wir uns in diesen Tagen auf uns selbst – auf die Möglichkeiten, die in uns stecken. Die Fantasie, die in uns ist, die Träume – auch an vergangene schöne Tage. Lassen Sie uns mit Peter Bachér jeden neuen Tag ergreifen wie einen Luftballon. Denn, wie Goethe schrieb: *„Wer sich der Einsamkeit ergibt, ach!, der ist bald allein."*

Hurra, wir leben noch!

Mein kleiner Sohn war ein Feuerwehrmann in voller Montur. Die Schutzjacke hing am Boden, die Feuerwehrmütze rutschte ihm über die Ohren. Statt der Maske trug er einen Schnuller, an dem er hörbar saugte.

Es war Ostern, und wir suchten die Ostereier, die wir selbst versteckt hatten. So oder so ähnlich wird es wohl eine Generation zuvor auch gewesen sein und noch eine zuvor und noch eine. Vielleicht waren die Jungen mit Indianerfedern geschmückt und die Mädchen schoben ihren neuen Puppenwagen. Oder umgekehrt. Warum ich das erzähle: Jeder von uns trägt so eine oder eine ähnliche Erinnerung in sich. Die großen Dinge des Lebens vergessen wir nicht. Sie sind in unseren Herzen.

Ich will jetzt nicht von der Auferstehung des Herrn und anderen wichtigen und wunderbaren Geheimnissen sprechen, die das Osterfest für die Christen ausmachen. Ich finde, Ostern ist ein tiefer Einschnitt in unser Leben – egal wie man zur Religion steht. Ostern bedeutet neues Leben, die Natur beginnt zu blühen, *„vom Eise befreit sind Flüsse und Bäche"* (Goethe).

Und nun, mitten in dieses wunderbare Fest hinein, trifft uns Corona. Traurig-passend in dieser Situation ist der tiefe Satz der Journalistin Iris Radisch: „Wie viel Glück und Unglück, Harmloses und Tragisches, Lebensbedrohendes und Idyllisches stapeln sich in jeder Weltsekunde aufeinander!"

Ich finde den Gedanken der „Weltsekunde" irgendwie erschreckend – aber auch tröstlich. Es gibt immer das Gute und das Furchtbare nebeneinander. Wir können es zwar nicht statistisch belegen: 30 Generationen zurück feierte man das schon, was später Ostern wurde. Wissen wir, wie glücklich oder unglücklich, wie bedroht oder wie gesund damals die Menschen waren?

Es gibt jetzt keine Anleitung zum Glücklichsein, natürlich nicht. Und wir müssen achtsam bleiben, natürlich, ja. Das heißt aber nicht, dass wir uns nicht freuen dürfen, finde ich. Es ist Ostern, bitte vergessen Sie das nicht, liebe Leser. Es ist die Zeit zur Freude. Denn auf dieses Fest werden noch viele andere folgen ...

Ich möchte mit einem wunderbaren, ja, Schlagertext enden, den die italienische Sängerin Milva 1984 zum Gassenhauer machte und den ganz Deutschland mitsingen konnte. Hören Sie sich das Lied auf YouTube an, es wird Sie trösten:

„Hurra! Wir leben noch!
Was mussten wir alles überstehn?
Und leben noch!
Was ließen wir nicht über uns ergehen?
Der blaue Fleck auf unsrer Seele geht
schon wieder weg
Wir leben noch
Hurra! Wir leben noch ...“

Mein kleiner Blumenladen – Spiegel der Welt

Sie kommen aus dem Haus, und alles blüht. Ich wohne nicht auf dem Land, ich wohne mitten in Berlin. Die Natur heißt Beton, und wenn ich die Haustür aufmache, pfeifen nicht die Vögel, sondern die Doppeldeckerbusse der BVG. Zentraler geht's kaum, lauter auch nicht.

Wenn da nicht mein kleiner Blumenladen wäre. Links die Rosen aus Ecuador: pink, orange, gelb. Daneben Rittersporn, Geranien, Margeriten, Männertreu.

Ich schließe die Augen, und sehe sie alle – obwohl keine dieser Blumen real sind. Mein kleiner Blumenladen, der Trost vor und neben Beton und Blech, ist seit vier Wochen geschlossen. Übermorgen, so steht es am Schaufenster, macht er wieder auf.

Dieser Blumenladen ist für mich wie ein Spiegelbild unserer Zeit. Es braucht nicht viel, damit wir uns freuen können. Wir haben in den letzten Wochen gelernt, wie wertvoll kleine Dinge sein können. Besonders, wenn sie plötzlich nicht mehr da sind.

Ein kleines Geschäft schließt – und mit ihm gehen ein paar von unseren Träumen.

Nein, man muss keine frischen Blumen auf dem Tisch haben, um leben zu können. Aber wie schön ist es, wenn man das wieder hat, was uns wochenlang verwehrt wurde: Ein bisschen Anmut um uns herum.

„Schläft ein Lied in allen Dingen
Die da träumen fort und fort,
Und die Welt hebt an zu singen,
Triffst du nur das Zauberwort."

Kann man es schöner sagen als Joseph von Eichendorff? Es ist, als hätte er es über meinen kleinen Blumenladen geschrieben.

Vom Abenteuer, das eigene Land zu entdecken

Mein Vater hatte mir die Burgruine gezeigt und war mit mir darin rumgeklettert. Es war in der Nähe der Römerstadt Xanten am Rhein. Er hat mir erklärt, was die

Römer dort getrieben haben und warum wir, die Germanen, ihre Feinde waren.

Ich habe alles vergessen, was er damals sagte. Aber die Erinnerung, mit meinem Vater so ein tolles Abenteuer erlebt zu haben, ist geblieben.

Warum ich Ihnen das erzähle? Gerade Kinder lieben Ferien, die lange dauern und in denen eigentlich wenig passiert – mit Ausnahme so kleiner Ausflüge, wie beschrieben. Man nannte es damals noch gar nicht Urlaub, es waren einfach Ferien. Es ging in den Schwarzwald, an die Ostsee. Die Hotels waren Pensionen, man kannte den Wirt. Es gab einfaches Essen. Wie gern erinnere ich mich an die Knacker mit Kartoffelsalat.

Mittelgebirge waren unser kleines Paradies, wir bauten heimlich Holzhütten, die wackelten und bald zusammenfielen. Man durchstreifte den Wald, man war Cowboy oder Indianer.

Wenn ich daran denke, kommt ein Sehnsuchtsgefühl in mir hoch. Es geht nicht um Hotelsterne, Exotik, Kitesurfing gab es nicht und auch kein Paragliding.

Wir waren zu Gast im eigenen Land – und wie haben wir es genossen! Es war die Erkundung der Heimat, ohne dass man dafür besondere Worte brauchte. Wir übernachteten an einem See, statt am Meer. Ein Dorfteich war für uns so schön wie später der Stille Ozean.

Damals waren die Menschen nicht verwöhnt und konnten gar nicht viel weiter reisen als ins eigene Land. Für mich ist das ein Gedanke, der auch in Corona-Zeiten nachdenkenswert ist: Die Qualität eines Urlaubs hängt nicht unbedingt an der Entfernung oder an der Exotik des Urlaubsziels. Es gibt so viel Schönes um uns herum zu entdecken. Und ehrlich: Wollten wir nicht schon immer unser eigenes Land intensiver kennenlernen?

Reisen wir also ein Stück in unsere Kindheit zurück. Ich bin überzeugt davon, dass dieser Urlaub 2020 ein ganz besonderer werden kann – ein besonders schöner.

Maikäfer flieg – wie ein Lied uns tröstet

Als ich mit diesen Versen das erste Mal meinen kleinen Sohn in den Schlaf sang, schauderte es meiner Frau:

> *„Maikäfer flieg,*
> *Dein Vater ist im Krieg,*
> *Deine Mutter ist in Pommerland,*
> *Pommerland ist abgebrannt,*
> *Maikäfer flieg."*

Und irgendwie hatte sie recht. Der Reim ist kindlich schön, der Inhalt ist gruselig.

Man singt sein Kind in den Schlaf (mein Sohn war noch so klein, dass er die Worte kaum verstand) mit einem Text, der die Urängste der Menschen widerspiegelt und nicht zu süßen Träumen lädt: Vater im Krieg, abgebranntes Heimatland, Mutter weg – wie soll das trösten?

Das Phänomen dieses Liedes: Die Hälfte aller Deutschen kennt den Text und kann ihn nach den ersten beiden Worten mitsprechen.

Wir wissen bis heute nicht genau, ob diese Verse aus dem Dreißigjährigen Krieg stammen, wofür aber vieles spricht.

Wie auch immer: Ich finde, es ist viel Tröstliches in diesen Versen. Vordergründig geht es um ein kleines Tier, das freigelassen wird (als Kind haben Sie sicher auch Maikäfer in der Hand gehalten und nicht zerdrückt). Aber es ist eben auch ein Schicksalslied. Der Vater im Krieg – wie lange haben die meisten von uns diesen Satz nicht mehr hören müssen – Gott sei Dank! Pommern – für viele Ältere ein Symbol für Heimat schlechthin. Und das Wort „abgebrannt"? Kann etwas grausamer und endgültiger klingen?

Was können wir mitnehmen aus diesen Versen, die jetzt im Mai irgendwie wieder aktuell sind? Ich finde dies: Es gibt jenseits von Corona Katastrophen, die tief in uns verwurzelt sind. Da zählen keine Jahre, nicht mal Jahrhunderte. Sie sind irgendwie im kollektiven Gedächtnis verankert.

Aber wie tröstlich auch in diesen schwierigen Zeiten: Unsere Väter sind nicht im Krieg. Unser Heimatland ist nicht abgebrannt. Und die Maikäfer, vielleicht sehen Sie ja einen in diesen Tagen am blauen Frühlingshimmel?

Maikäfer flieg ... viel Glück dabei!

Wandern Sie –
und entdecken sich selbst

Als Kind fand man das Wort abschreckend. Da draußen rumlaufen. Ohne Sinn und Verstand, schien es.

Die Eltern waren ganz aufgeregt, wenn sie den Kindern verkündeten: Am Sonntag gehen wir wandern!

Und da entdeckte ich kürzlich diesen Stock im Keller: ganz leichtes Holz, ganz kurz, vielleicht war ich zehn, als ich ihn benutzt hab. Vom Griff bis zur Spitze war der Spazierstab mit bunten Blechen bepflastert. Darauf waren die Orte, an denen man damals wanderte, die ersten Trophäen meines Lebens. Je mehr man hatte, desto stolzer war man: Braunlage im Harz, Titisee, Brocken (1.141 Meter – die Höhenangaben waren das Wichtigste für einen kleinen Jungen).

Und dann fand ich noch die alte Wanderkarte vom Naturschutzgebiet Herzogenhorn im Südschwarzwald.

Es war wie eine Zeitreise. Aus der Karte strömte mir Geruch von nassem Gras entgegen (es hatte dort oben dauernd geregnet). Es war, als würde ich im Kopf die Sehnsuchtsorte meiner Kindheit noch einmal durchwandern – 60 Jahre später. Und diese Erinnerung war wunderschön.

Es kam hoch, was viele Menschen kennen und was eigentlich jeden bereichert, der es versucht hat.

Das Wort Wandern klingt altertümlich, wie aus der Zeit gefallen.

Aber Wandern ist zeitlos schön und modern wie in der Romantik, als Millionen Deutsche zu „Wandervögeln" wurden.

Besorgen Sie sich einen leichten Rucksack, feste Schuhe, Regenjacke, Taschenmesser, Wanderkarte (Handy ist schnell leer). Und dann, wo auch immer: Entschleunigen Sie, unvergleichliche Freiheit, der Weg ist das Ziel. Sprechen Sie mit anderen Wanderern, lernen Sie Menschen kennen, die auch die Natur lieben.

Gehen Sie im Tal, gehen Sie in die Berge, gehen Sie allein oder mit Freunden. Und vielleicht, wenn Sie am Ende des Tages zur Ruhe kommen, fällt Ihnen das für mich schönste und zugleich einfachste Gedicht deutscher Sprache ein. Goethe ritzte es nach einer langen Wanderung 1780 in eine Holzwand bei Ilmenau ein:

Über allen Gipfeln
Ist Ruh',
In allen Wipfeln
Spürest du
Kaum einen Hauch;
Die Vögelein schweigen im Walde.
Warte nur! Balde
Ruhest du auch.

Freiheit genießen,
wann immer man will

Glück ist für jeden anders – gerade in diesen Tagen.
Mein Glück ist einfach beschrieben.

Es war ein Frühlingsmorgen vor einem Jahr. Meine beiden Söhne und ich hatten unsere Fahrräder gesattelt. Der eine mit einer 1,5-Liter-Flasche Cola im Gepäck, der andere mit fünf Müsliriegeln. Ich hatte noch das Buch „Berlin – Kopenhagen auf dem Fahrrad" dabei.
　Wir sind bis zur Ostsee gekommen – eine Woche unterwegs. Wir haben einander kennengelernt wie eigentlich nie zuvor: Zwischen Hoppelstrecken im Wald und *„Jetzt machen wir mal Pause!"*, zwischen Schweigestunden und Quasselphasen, zwischen Gähnen und kleinem Gemäkel war alles dabei, was eine Mini-Familiengemeinschaft ausmacht: vertrauen aufeinander, sich ärgern, gemeinsame Anstrengung, gemeinsames Glück.
　Und wem hatten wir das am Ende zu verdanken – unseren Fahrrädern.

Das Fahrrad ist das Schweizer Taschenmesser unter den Transportmitteln. Beim Fahrradfahren machen Sie Sport, erledigen Einkäufe, sind an der frischen Luft und stärken Ihr Immunsystem.
　Fahrradfahren ist sowieso schon etwas Besonderes. Wenn man aber losfährt und alles mit sich trägt, was man

braucht – wie eine Schnecke ihr Haus –, dann ist das etwas Einmaliges und Unvergessliches.

Frag nicht, welchen Weg du fährst, erklärte ich meinen Kindern an der Mecklenburger Seenplatte. Guck nur, wo es schön aussieht: *„Seht mal, die Birkenallee! Da müssen wir hin.“*

Die Allee war klein, der Wind war heftig, wir waren erschöpft – aber was für ein Abenteuer.

Zeit, ein Nachtquartier zu suchen. Und da, liebe Fahrradfreunde, dürfen Sie nicht zu wählerisch sein. Wir haben in einer Art Scheune geschlafen. Oder in einer ausgebuchten Pension unterm Dach, fensterlos. Luxus ist etwas anderes. Aber als Fahrradtourist weiß man: Auch das gehört dazu.

Warum ich das alles erzähle? Wer je auf einem Fahrrad saß und an einem schönen Tag durch Wald und Felder fuhr und natürlich auch durch die Stadt, der weiß: Du siehst alles, du kannst alles genießen. Du kannst die Natur fühlen, sie riechen, sie hören. Du bist in einer entschleunigten Welt.

Ich bin sicher, es dauert nicht mehr lange: Und wir alle können wieder das Glück der Freiheit genießen – zum Beispiel auf dem Fahrrad.

Lass uns mal vom Schnitzel träumen

Wenn ich an mein Lieblingsessen denke, denke ich an drei kleine Wiener Schnitzel: knusprig, flach, ein bisschen zu dunkel (für heutige Verhältnisse), mit Sauce und Kartoffeln, um die Kartoffeln mit der Gabel einzutunken und zu zerquetschen.

Das Gericht gabs nur in der Berliner Schloßstraße in Steglitz. Meine Eltern fuhren mit mir vielleicht einmal in drei Monaten hin. Das Essen war teuer, es kostete 8,60 Mark – nicht wenig damals, Anfang der 50er-Jahre.

Ich habe bis heute den Teller mit den Schnitzeln nicht vergessen: mit ner Scheibe Zitrone drauf (war mir egal) und ner Kaper (habe ich gleich weggelegt). Aber die Freude über den ersten Biss ist unvergesslich geblieben.

Damals dachte ich: Toll, dass es so was Schönes gibt. Auch wenn ich es nicht täglich zu mir nehmen kann.

Zu Hause gab es viel aus der Dose, vieles mit Mayonnaise und Ananas, fast immer kamen Kartoffeln auf den Tisch. Immer mit Sauce. In meinem Kopf aber blieb stets der Gaumentraum aus der Berliner Schloßstraße.

Dann, gefühlt über Nacht, änderten sich die Warenangebote. Supermärkte wurden zu einer Art Schlaraffenland, fand ich damals. Früchte gab es, deren Namen ich nie gehört hatte. Exotische Käsespezialitäten, Fleisch aus allen Teilen eines Tieres, aus vielen Ländern. Leider hatte dieses kulinarische Schlaraffenland einen Makel: Es war teuer, sehr teuer.

Wer ein „gutes Stück Fleisch" kaufen wollte, musste ein schmerzlichen Teil seines Lohnes hinblättern. Und zu Hause wurde noch immer nichts weggeworfen. Die Eltern, die Großeltern – alle hatten Hunger erlebt. Deshalb war wegschmeißen tabu (*„Lass das nicht den Papa sehen!"*). Wer isst, der lebt, war damals ein unausgesprochenes Gesetz. Und natürlich: *„Iss Kind, damit du groß und stark wirst."* Es hieß *„gute Butter"* und *„echter Bohnenkaffee".* Wer kann sich das heute noch vorstellen? Essen war existenziell, und man zeigte gerne, was man auf den Tisch bringen kann.

Bis der Tag kam, an dem sich die meisten Deutschen gutes Essen leisten konnten. An dem man Preise vergleichen konnte, weil es so viele Angebote gab.

Aus diesem Tag wurden viele Jahre. Heute kann man bekanntlich vegetarisch wählen (in den 50er- und 60er-Jahren gab es für Nichtfleischesser Kartoffeln mit Sauce und grüne Bohnen); man kann sich vegan ernähren, man kann essen wie die Menschen in der Steinzeit.

Man kann das alles, was Eltern und Großeltern nicht konnten. Und wovon sie manchmal träumten – wie ich vom kleinen Wiener Schnitzel.

Heute kümmert man sich mehr ums Tierwohl. Das finde ich gut. Und man beklagt die schlechte Behandlung der Arbeiter in den Fleischfabriken. Das finde ich auch gut.

Aber niemand hätte sich damals denken können, dass man eines Tages darüber diskutiert, Lebensmittel künstlich teurer zu machen. Damit sich nicht alle das leisten können, was eine große, ja epochale Errungenschaft ist: ein gedeckter Tisch mit schönem Essen.

Das Wunder des Lächelns

Meine Kollegin Filiz kam diese Woche ins Büro – sie hatte ihre zwei Monate alte Tochter dabei. Und sie sagte einen wunderbaren Satz: *„Wenn ich mit meiner Katayoun auf der Straße bin, lächeln uns alle an."*

So leicht dahingesagt waren diese Worte, so tief sind sie gerade jetzt, in Corona-Zeiten. Es braucht keinen internationalen „Tag des Babys", um Menschen überall auf der Welt zu verzaubern.

Das Phänomen ist auf allen Kontinenten bei allen gleich – und soweit wir wissen, ist es auch immer so gewesen: Wenn dich ein ganz kleines Kind anlacht, lachst du zurück. Eben noch Griesgram, Wutbürger, gehetzter Alltagsmensch – es geht nicht anders, du lächelst zurück. Martin Luther sagt: *„Wenn du ein Kind siehst, hast du Gott auf frischer Tat ertappt."*

Man kann diesen Moment, in dem ein Baby einen Fremden mit Blicken verzaubert, nur schwer beschreiben. Und eigentlich ist es so alltäglich, dass man es auch nicht erklären muss. Jeder hat es schon erlebt: gerade jetzt, vielleicht gestern, morgen, immer. Das geheimnisvolle Band zwischen zwei Geschöpfen, die sich womöglich nur einmal im Leben treffen. Einem ganz kleinen – und einem ganz großen (aus dem Blickwinkel des kleinen).

Ich weiß nicht, woran Babys oder ganz kleine Kinder im Moment des Lächelns denken – denken sie überhaupt etwas Bestimmtes? Oder ist es einfach das Abtasten einer

Welt, die sie noch nicht kennen. Wollen sie mit den Augen erobern, was sie noch nicht erfassen können? Jeder Blick ein neues, großes und buchstäblich nie gesehenes Abenteuer, das man Leben nennt?

Und die, die angelacht werden, kennen die Welt schon meist sehr gut. Aber es ist, als würden sie, als würden wir in diesem Moment wieder selbst zum Kind. Für einen Augenblick, nicht länger als ein Wimpernschlag, scheint dann in jeden von uns die Unschuld zurückzukehren.

Dante: *„Drei Dinge sind uns aus dem Paradies geblieben: Sterne, Blumen und Kinder."*

Novalis: *„Ein Kind ist eine sichtbar gewordene Liebe."*

Mögen Sie, liebe Leser, noch oft genießen, was klein und doch so groß ist: ein Baby, das Sie anschaut – und ins Gesicht lächelt. Und bitte: Lächeln sie zurück!

Verweile doch – du bist so schön

Sie machen morgens die Tür auf – und das Leben tritt ein. Es ist wie ein Schlag: Wie schön ist es heute! Die Sonne knallt schon, die Wärme streichelt Sie, Vögel jubilieren – was ist denn heute anders, denken Sie.

Sie sind es! Die Natur hat sich verwandelt – und Sie sich mit ihr. Es ist, als würden alle rufen: Schön, dich kennenzulernen.

Zu viel des Guten? Gestatten Sie mir, es zu sagen: Man kann sich gar nicht zu gut fühlen. Denn schlecht ging es uns doch oft genug. Heute ist eben dieser eine Tag in diesem Jahr, wo alles anders scheint (denn es ist eigentlich genauso wie gestern und vorgestern).

Wie wunderbar hat der dänische Philosoph Sören Kierkegaard (1813–1855) diesen Moment ausgedrückt:

„Die Sonne scheint für dich – deinetwegen; und wenn sie müde wird, beginnt der Mond, und dann werden die Sterne angezündet."

Können wir dieses Gefühl beliebig aneinanderreihen? Oder wenigstens ein bisschen konservieren? Können wir mit Goethe zum Augenblicke sagen:

„Verweile doch! Du bist so schön!"

Natürlich können wir das nicht.

Der Zauber dieses Moments, den wohl jeder schon erlebt hat, ist schnell dem Alltag gewichen. Da klingelt ein Handy, da hupt einer, da sind laute Stimmen. Und schon ist er weg, dieser kleine magische Augenblick, der eben noch unsere Herzen berührte.

Für zwei von drei Deutschen bedeutet Glück vor allem Gesundheit und ein gesicherter Arbeitsplatz. In dieser (und in keiner anderen Statistik) taucht auf, was wir als Glücksmoment bezeichnen. Es ist eben ein kleiner Teil des großen Glücks, das nicht zu messen ist, obwohl es die meisten von uns erlebt haben.

„Glück ist immer am anderen Ufer", sagt ein chinesisches Sprichwort.

Ich glaube nicht, dass es so ist. Ich glaube, dass in jedem von uns die Fähigkeit steckt, glücklich zu sein – wenigstens für einen Augenblick. Und dieses Glück ruft nicht: Schau mal, ich bin da! Es muss gar nicht rufen. Denn ist ein Teil von uns, ein Teil von Ihnen.

Lassen Sie dieses Gefühl herein. Geben Sie ihm sozusagen die Hand. Es wird Sie so führen, dass es Ihnen gut geht. Ja, dass Sie glücklich werden oder glücklich bleiben.

Lassen Sie also heute das Glück eintreten. Und lassen Sie zu, dass es bei Ihnen bleibt. Wenigstens für einen magischen Augenblick.

Folgen Sie Ihrem Gewissen – jede Stunde

Man möchte die Augen zumachen und die Ohren verschließen, wenn man an das denkt, was Kindern angetan wird – und jetzt bekannt wurde. Immer neue Fälle, immer mehr Schrecken, immer mehr Dinge, für die jede Vorstellungskraft fehlt.

Gibt es ein Muster für das Böse? Zieht sich eine Art roter Faden vom Kindermord zu Bethlehem in Jesuzeiten über die Naziverbrechen in der Grube von Babi Jar (Babys wurden in den Armen ihrer Mütter erschossen) zu den Verbrechen an Kindern unserer Zeit?

Wer soll das beantworten. Jedes Verbrechen hat eine Zeit, jede Untat wird von Menschen begangen, die wussten, was sie taten, und auch heute wissen, was sie tun.

Denn darüber sind sich Wissenschaftler und Historiker im Wesentlichen einig: Nur in absoluten Ausnahmefällen wissen Kindesmörder nicht, was sie anrichten. Üblicherweise wissen sie es, und tun es trotzdem.

Jedes Verbrechen ist einzigartig, jede Untat muss einzeln betrachtet werden. Es gibt keine Milderung, weil Zeiten besonders grausam waren. Kein Vergleich nach dem Motto: Bei Stalin sind auch Millionen Kinder umgebracht worden, nicht nur bei Hitler (wie oft hört man solch gefährlichen Unsinn in Diskussionen!).

Und diesen zahllosen Untaten stehen – Gott sei Dank – so viele gute und bewegende Geschichten gegenüber. *„Wo Gefahr ist, wächst das Rettende auch"*, dichtete Friedrich Hölderlin.

Ein besonders beeindruckendes Beispiel für Menschen, die Vorbild sind in großer Not, ist für mich der polnisch-jüdische Kinderarzt Janusz Korczak. Von ihm stammt der wunderbare Satz: *„Ein Kind wird nicht erst ein Mensch, es ist schon einer."* Er war Leiter eines Waisenhauses für jüdische Kinder im Warschauer Ghetto. 1942 wurden seine Schützlinge ins Vernichtungslager Treblinka getrieben, Korczak hätte sich retten können. Aber er ließ seine Waisen nicht im Stich. Kinderlieder singend ging er freiwillig mit ihnen in den Tod.

Janusz Korczak ist seinem Gewissen gefolgt. Er hat nicht die Augen zugemacht und die Ohren verschlossen. Er hat gehandelt, wie er es für richtig hielt. Er hat gegen das Böse das Gute gesetzt.

Und dies, so finde ich, ist die Brücke in die Gegenwart. Nur wenige Menschen werden in die Situation kommen, in der Heldenmut möglich ist, wie ihn Janusz Korczak bewies.

Was wir aber tun können, ist vom Grundgedanken her ähnlich: Wir können, ja müssen unserem Gewissen folgen. Wir müssen hingucken, wenn Schreckliches passiert. Wir müssen hinhören, wenn wir etwas vernehmen, was uns wehtun sollte, zum Beispiel andauerndes Kinderweinen in unserer Nachbarschaft. Wir sollten reden und uns einmischen, wenn es nötig ist (ohne andere grundlos zu verdächtigen oder zu denunzieren). Wir müssen wachsam sein in unserem Alltag – jeden Tag, jede Stunde.

Alle Kinder sind auch unsere Kinder. Und Gräuel an Kindern sind Verbrechen!

Warum berühren so wichtig ist

Was tut man, wenn man einen sympathischen Menschen nach einiger Zeit wiedertrifft? Man möchte ihn umarmen. Aber man darf nicht.

Vielleicht ist Ihnen das, lieber Leser, in diesen Wochen auch schon passiert: ach, Corona!

Ich finde das furchtbar. Ich bin ein Streichelmensch. Was wir lieben, möchten wir anfassen. Und berührt zu werden heißt: Du wirst geliebt. Werden wir nicht berührt, fühlen wir uns unbeachtet.

Überall unter der Oberfläche unserer Haut liegen Nerven, die das Streicheln mit einem Gefühl des Wohlseins verbinden. Bereits Säuglinge lieben es, gestreichelt zu werden. Sanfte Berührungen – wir brauchen sie ein Leben lang. Sie machen uns glücklich, sie machen uns gesund. Und sie lassen uns – davon sind viele Wissenschaftler überzeugt – womöglich sogar länger leben.

Auch deshalb ist die Corona-Zeit eine Herausforderung, weil man einander nicht so fühlen kann, wie man es gerne möchte – und wie es notwendig wäre.

Irgendwie erinnert mich das an das wohl berühmteste Fresko der Welt in der Sixtinischen Kapelle in Rom, das seit Kurzem wieder besucht werden kann. Es ist von Michelangelo und heißt „Die Erschaffung Adams". Es hängt in 20 Meter Höhe. Michelangelo war 33, als er es 1508 unter größten körperlichen Anstrengungen schuf.

Es zeigt, wie der liebe Gott und Adam ihre Zeigefinger ausstrecken – ohne einander zu berühren.

Ich kann und will diese berühmte Szene dieses Meisterwerks nicht kunsthistorisch bewerten. Was ich empfinde, ist eher eine menschliche Regung. Und die heißt: Lieber Gott, lieber Adam – warum habt ihr beiden euch bloß nicht angefasst? Dann wäre das Gemälde zwar nicht so spannend gewesen, aber menschlicher. Und die Welt wäre vielleicht besser geworden.

Kehren wir aus dem Vatikan zurück nach Hause in unsere Wohnung. Ich denke, hier gibt es eine ganze Menge, was berührt werden will – und berührt werden könnte. Ihre Kinder, ihre Enkel, ihr Partner, ihr liebes Tier. Wenn das nicht geht, weil Sie alleine leben, gibt es Alternativen: Rufen Sie doch mal wieder jemanden an, den Sie schon lange nicht mehr gesehen haben, der Ihnen aber am Herzen liegt.

Auch Worte können berühren.

Die Liebe wird euch finden

Fünf Monate Corona – Zeit für eine erste Bilanz. Ich meine nicht die Gesundheit. Ich meine die Liebe. Wohl kaum in der Geschichte der Menschheit ist unser Zusammensein so belastet worden, selten sind unsere Beziehungen so auf die Probe gestellt worden wie in den letzten fünf Monaten.

Manche Wissenschaftler hatten einen Babyboom vorausgesagt. Weil angeblich plötzlich so viel Zeit für schöne Dinge des Lebens da war. Inzwischen sehen das die meisten Soziologen nüchterner. Motto: Paare, die das pausenlose erzwungene Miteinander schadlos überstanden haben, haben eine stärkere Beziehung als vor der Krise. Aber: Das Liebesleben habe eher gelitten, als dass es befruchtet wurde. Zeit allein macht noch keine Kinder.

Ein Freund von mir, nicht mehr ganz jung, hat sich kürzlich verliebt. *„Ich hab mich wieder wie früher gefühlt"*, erzählte er mir. *„Wir haben so viel gelacht, es war, als hätten wir uns schon seit Jahren gekannt."*

Kleine Zettel an seinen Wänden, Liebe schriftlich zum Anfassen. Sie planten. Sie sagte: *„Ich bleib heute bei dir."* Er sagte: *„Bleib doch für immer."*

Ich traf ihn jetzt wieder. *„In jedem Zimmer meiner Wohnung ist sie noch"*, sagte er. *„In der Küche ihr Tee, ihre Gewürze, im Bad ihre Bürste, im Schlafzimmer ihr Nachthemd, ein indisches Tuch."*

„Und weiter?", fragte ich.

„Sie ist weg. Wir haben uns gestritten. Über ganz kleine Dinge. Groß war unsere Beziehung – aber eben auch kurz. Irgendwann wird sie ihre Sachen abholen – als letztes ihr Fahrrad aus meinem Keller.“

Wie konnte ich ihn trösten? Einen Mann in den besten Jahren, wie man so sagt. Einer, der das große Glück hatte, sich noch mal jung fühlen zu können, weil die Liebe ihn buchstäblich gestrafft hatte.

Ich habe ihm zweierlei gesagt. Ihr habt nur Liebe zu Zeiten von Corona erlebt: nicht essen gehen, immer Maske, nie weg, nicht mal zum Wochenende. Nur wer sich sehr gut kennt, hält das unbeschadet aus.

Und das andere, was ich ihm sagte: Wenn Corona eure Liebe zerstört hat, dann gibt es eine zweite Chance. Ihr müsst an die Liebe glauben. Dann glaubt die Liebe auch an euch.

Ab ins Auto und weg – die große Freiheit in den Ferien

Ins Auto setzen und los. Ab in den Urlaub. Ist doch nicht schwierig, oder? Tatsächlich gibt es diesen Trend wieder, wie Freizeitforscher festgestellt haben. Und immer noch ganz vorne: der Autourlaub nach Italien. Erstaunlich – fast jeder zweite Deutsche (43 Prozent, so die „Forschungsgemeinschaft Urlaub und Reisen“) sucht im und mit dem Auto sein Ferienglück.

Es ist so wie in den 60er-Jahren, ein bisschen jedenfalls. VW vollpacken, ein paar Jeans, zwei Hemden, Wäsche. Das Gepäck der Freundin passte auf die Rückbank, Kofferraum gabs bekanntlich kaum. Und so rutschte man mit dünnen Reifen über den Brenner (auf dem oft noch Schnee lag) – wenn der Boxermotor nicht zu heiß geworden war. Weil fast alle zur gleichen Zeit losfuhren, war der Brenner immer dicht. Zwölf Stunden nonstop – keine Seltenheit damals.

Warum ich das erzähle? Es gibt jetzt so viele Unentschlossene, die nicht wissen, wohin im Urlaub. Und die vielleicht vom Aufbruch nach Italien in den 50er Jahren gehört haben – oder sie haben ihn selbst erlebt. Wie ich.

Wie exotisch war es, auf den Gardasee zu schauen. Limonen über himmelblauem Wasser, im Kofferradio „Volare" von Dean Martin. Was heute wie ein Klischee klingt, war damals ein großes Abenteuer. Aber etwas hatten wir – das behaupte ich jetzt mal – alle gemeinsam: Die Freude, etwas Neues zu entdecken. Pauschal war nur die Lust am Reisen, nicht die Reise selber. Wirklichen Pauschaltourismus hätten wir verachtet. Wahrscheinlich gab es den Begriff noch gar nicht.

In Rimini mussten wir an vielen Pensionen klopfen, bevor wir Einlass fanden. „Sie sind doch verheiratet", fragte die Wirtin skeptisch und betrachtete meine 19-jährige Freundin (sie war so alt wie ich). Der Kuppeleiparagraf wurde streng beachtet im katholischen Italien damals.

Jugend ist immer Abenteuer, ich weiß. Aber wenn Sie sich ein bisschen von dem bewahren, was die Ferien damals ausgemacht haben. Oder wenn es Ihnen gelingt, etwas von dem neu zu entdecken, was eine Generation einst glücklich gemacht hat, werden Sie vielleicht völlig neuartige Ferien machen können in diesem schwierigen Jahr.

Genießen Sie jeden Urlaubstag, wo immer Sie sind. Und wenn die große Autoreise nichts wird, dann machen Sie doch eine kleine.

Sehnsucht fragt nicht nach Kilometern. Und Glück gibt es auch nebenan.

Ich würde so gerne
Danke sagen

Es gibt Sätze, die vergisst man nicht. Jonas Kaufmann, der weltberühmte Opernsänger aus München, wurde jetzt vom „Spiegel" gefragt, mit wem er am liebsten essen gehen würde. Er antwortete: *„Sehr gern mal wieder mit meinen Eltern. Beide sind längst verstorben. Dabei hätte ich noch so viele Fragen …"*

Ich finde, dieser Gedanke ist anrührend – und ungeheuer menschlich. Für Jonas Kaufmann ist gemeinsames Essen in der Familie ganz offensichtlich etwas Großes, etwas Einmaliges. Wir essen, also leben wir. Und wir essen zusammen – Eltern mit ihren Kindern. Oder eben umgekehrt.

Und ich denke, eine gemeinsame Mahlzeit ist für die meisten Menschen wie ein Gleichnis fürs Glück: Bei welcher Gelegenheit sonst kann man so friedlich und so unaufgeregt mit einander Zeit verbringen und Zeit genießen? Gemeinsam am Tisch sitzen, gemeinsam lachen, Pläne schmieden, auch mal streiten: Das kleine Stück Leben spielt sich am Esstisch ab – ein Spiegelbild des großen.

Wenn ich heute, nach so vielen Jahren, an meine verstorbenen Eltern denke, kommt ein Wohlgefühl in mir hoch, das mit nichts vergleichbar ist. Es geht nicht nur um Liebe, das greift zu kurz. Es ist die Summe alles Erlebten. Ich war ganz klein, und sie waren immer groß.

Ich hatte Scharlach, und sie waren da und drückten ihre Nasen an die Quarantäne-Glasplatte im Krankenhaus – stundenlang. Ich hatte schlechte Schulnoten – und meine Eltern sprachen unaufgefordert beim Lehrer vor. Ich hatte Liebeskummer – und meine Mutter trocknete meine Tränen. Ich hatte zu viel getrunken – und mein Vater machte mein Bett sauber.

Sie taten all dies, ohne je etwas dafür zu verlangen. Ja, nicht mal ein Wort des Dankes. Und sie haben mir auch nie Vorwürfe gemacht. Ich wusste selbst, wann ich Mist gebaut hatte. Sie brauchten es mir nicht zu sagen.

Wie groß solche Dinge sind, weiß man leider oft erst später, viel später. Auch wenn man es weiß, ist es schwer, manche Dinge auszusprechen. Eltern sind Eltern, Kinder sind Kinder. Und diese Ordnung bleibt, bis es die einen nur noch in der Erinnerung gibt.

Wenn ich meine Eltern noch mal zum Essen treffen dürfte – gestatten Sie mir, liebe Leser, dieses Gedankenspiel – was würde ich tun?

Ich würde euch lange umarmen und fest an mich drücken. Und dann würde ich nur dieses eine Wort sagen: Danke.

Die Sehnsucht muss warten

Wir hören, sehen, fühlen, denken fast alle das Gleiche: Lohnt sich dieses Jahr eigentlich ein Urlaub? Einer, der diesen Namen auch verdient? So einen, wie meine Kollegin Esther ihn letztes Jahr erlebt hat!

„Der Geruch von Zypressen kitzelt die Nase. Schnell hinunter ans Meer, einen Platz im ‚La Fontellina‘ erhaschen, ein kühner Sprung ins salzige Nass, endlich. Ich bin auf Capri, vor einer Stunde war ich noch in Neapel. Heiß, laut, lebendig, dreckig. Und schön. Italien pur …“, schreibt sie mir.

Jetzt das Balearendrama, es gibt mir den Rest: Maskenpflicht auf der Strandpromenade, Kontrollen, Strafen. Kein laues Lüftchen dringt zu dir. Deine eine Brille beschlägt, du siehst nichts mehr …

Liebe Leser: Es geht nicht darum, ob Masken sinnvoll sind oder nicht. Die Frage lautet: Wie schön kann ein Urlaub sein, in dem man sich permanent vermummen muss? In dem der Griff in die Hosentasche zum alltäglichen Ritual geworden ist: Hast du sie dabei oder eben nicht, deine Maske …

Noch mal: Diese Dinger wehren ab, dass man andere ansteckt oder angesteckt wird. Wichtig und wohl notwendig. Aber die Masken sind auch trauriges Sinnbild für diese Zeit: Du musst dich schützen – auch in den schönsten Wochen des Jahres. Lass dich fallen, geht nicht mehr. Einfach loslassen – geht auch nicht. Deshalb mache ich keinen Urlaub in diesem Jahr. Aber mein Sehnsuchtsziel für 2021 steht schon fest. Und Heinrich Heine hat diesen Ort in einem wunderbaren Gedicht für die Ewigkeit festgeschrieben:

Ich weiß nicht, was soll es bedeuten,
Daß ich so traurig bin;
Ein Märchen aus uralten Zeiten,
Das kommt mir nicht aus dem Sinn.
Die Luft ist kühl und es dunkelt,
Und ruhig fließt der Rhein;
Der Gipfel des Berges funkelt
Im Abendsonnenschein.

Heinrich Heine besingt die Loreley, die berühmte Jungfrau mit dem goldenen Haar. Mein guter Bekannter Michael Fuchs: *„Fahr hin zu dem Mädel. Millionen von Japanern waren schon da und können das Loreley-Lied besser als ich – alle Strophen. Und wenn du die Dame nicht triffst – den Blick über den Rhein wirst du nie vergessen ..."*

Meine Sehnsucht hat einen Namen – die Loreley und der Rhein.

Ein Wunder, dieses kleine Leben

Du kommst nach Hause und ärgerst dich. Im Bad tropft immer noch der Wasserhahn (der Handwerker wollte doch heute kommen). Die Aufforderung zur Steuernachzahlung liegt ausgerechnet an dem Tag im Briefkasten, an dem du mit deiner Partnerin den gemeinsamen Urlaub planen wolltest (*„Diesmal möchte ich nach Frankreich mit dir, Süße. Und unsere Tochter kennt das auch noch nicht"*).

Dann ist da noch das ewige Corona-Homeoffice. Das Auto verbraucht zu viel Öl (hoffentlich nicht der Zylinderkopf!). Ich muss endlich zum Zahnarzt, das Loch vorne links wird immer größer. Aber wann soll ich das eigentlich machen?

Und so weiter und so weiter. Wer kennt solche Tage nicht, liebe Leser? Sogenannte Alltage können an unseren Nerven zerren. Es sind meist nicht die großen Unglücke, die uns still und nach innen gekehrt werden lassen. Es ist die Summe von kleinen Ärgernissen, die uns manchmal den Verstand zu rauben scheinen.

Und dann kommt dies: *„Lass uns mal in die Apotheke fahren"*, sagte die Partnerin zu meinem Freund Frank. *„Nur zur Sicherheit."*

Ein kleines Blatt Papier, ein Streifen, der sich verfärbt (oder auch nicht), das Wunder hat einen Namen. Es ist nicht zu sehen, ja nicht mal zu fühlen. Aber eine chemische Flüssigkeit beweist, was die beteiligten Menschen nicht geahnt hatten: Es ist neues Leben unterwegs.

Was heißt unterwegs? Es ist winzig, aber quickleben-dig. Es tut noch fast nichts. Und wirbelt doch das Leben außerhalb des Mutterbauches durcheinander, bevor es selbst „das Licht der Welt" erblickt, wie man so sagt. Wie schön ist dieses französische Sprichwort: „*Ein Ungebo-renes ist ein Engel, dessen Flügel schrumpfen, während die Beine wachsen.*"

Für meinen Freund Frank (und für alle werdenden El-tern der Welt, behaupte ich mal) ist dieses kleine Leben ein doppeltes Leben: Es zeigt, wie groß das Winzige sein kann. Und es zeigt auch, wie nichtig die Ärgernisse sind, die uns gerade noch im Alltag beschäftigt haben. Kleine Streitereien erscheinen im Angesicht des werdenden Le-bens fast peinlich.

Im Bad tropft der Wasserhahn – soll er weiter trop-fen. Mein Zahn – beruhigt sich wieder. Und die Steuer-nachzahlung – kriegen wir schon irgendwie hin. Und der Zylinderkopf – ich hab jetzt was anderes im Kopf ...

Komm, lass uns feiern. Das Wunder eines neuen Lebens. Es gibt nicht Schöneres. Es gibt nichts Größeres.

Alles Gute, Frank und Partnerin!

Wo die Welt fast stillsteht

Manchmal müssen sie sich gar nicht entschleunigen. Weil sie entschleunigt werden. Bei mir dauerte es einen Tag.

Es ist der Wechsel der Lebenswelten, wie wir ihn alle schon erlebt haben. Ich meine nicht gestern City, heute Nepal. Auch nicht gestern Mietshaus, heute Korallenriff. Ich meine dies:

Ein schmaler Weg in Alsbach bei Darmstadt an der Hessischen Bergstraße. Leicht hügelig, ich gehe am Gasthaus „Zur Sonne" vorbei. Ich werde von links gegrüßt, von rechts. Freundliche Menschen, die mich nie zuvor gesehen haben. Ich grüße zurück.

Beim Bäcker (dem Bäcker, es gibt nur einen) wird mir „*ein schöner Tag*" gewünscht. Was in Großstädten wie eine Floskel klingt, kommt hier von Herzen, da bin ich sicher. Und vorher hat sich die freundliche Verkäuferin noch entschuldigt: „*Ich habe leider kein Mohnbrötchen heute mehr.*"

Eine deutsche Kleinstadt, wie es Hunderttausende gibt. Ein Bauernhof noch, viele kleine Häuser mit gepflegten Vorgärten, ein paar Rosensträucher.

„*Die Zeit ist nicht stehen geblieben bei uns*", sagt mir ein Mann im einzigen Café des Ortes. „*Sie steht nur ein bisschen stiller. Aber die Menschen, die habe sich net verändert.*"

Noch im Zug von Berlin nach Darmstadt war die Welt so, wie ich sie kenne: Gedränge, gehetzte Blicke, Handygepiepse, Telefongeschwätz, Wortfetzen „*... musst den Vertrag unterzeichnen lassen ... wie soll ich da meine Prozente generieren? ...*" So ist das eben, wenn Geschäfte im Zug gemacht werden. Nichts dagegen, aber alles zu seiner Zeit.

Was Corona betrifft: Ich habe hier niemanden jammern gehört, weil man Masken tragen muss. Im Gegenteil: Die meisten haben ein Strahlen in den Augen (mehr konnte man ja auch nicht sehen). Ein Mann in einem Gartenlokal fragte mich sogar: *„Wenn Sie keine Maske dabei haben – ich habe eine zweite, natürlich ungebraucht."*

Wenn Sie die Chance haben, Deutschlands Kleinstädte und Dörfer kennenzulernen, liebe Leserinnen und Leser – nutzen Sie sie. Machen Sie einen Ausflug in diese andere Welt. Vielleicht braucht es einen Tag, dann sind Sie auch ein anderer Mensch.

Was ist schon ein Tag in einem ganzen Leben?

Die Kunst, mal nichts zu tun

Es scheint so leicht – und ist doch so schwer: abschalten, wirklich zur Ruhe kommen, mal nichts zu tun. Jetzt, in den Ferien, im Urlaub, in den heißesten Tagen des Jahres. *„Das Paradies ist perfekt, aber langweilig"*, schreibt der Schweizer Altertumsspezialist Thomas Ribi. *„Und der Mensch ist dafür nicht gemacht. Natürlich wünschen wir uns, am Strand zu liegen und nichts zu tun. Aber eigentlich können wir es nicht, jedenfalls nicht lange. Irgendwann fällt er uns an, der Dämon der Langeweile."* Schon Goethe wusste: *„Nichts ist schwerer zu ertragen als eine Reihe von glücklichen Tagen."*

Als ich jetzt meinen jungen Kollegen Johannes fragte, ob er sich vorstellen kann, im Urlaub mal nichts zu tun, sagte er: *Ja klar, ich habe ja mein Handy.* " Was er meint, ist ein Phänomen unserer Zeit: Wir leben in einer Gesellschaft, die vor allem auf Geschwindigkeit und Abwechslung ausgelegt ist.

Dabei haben Wissenschaftler herausgefunden, dass gerade die verträumte Zeit besonders produktiv und kreativ ist. US-Neurologe Marcus Raichle: *„Unser Gehirn ist dann hochaktiv, wenn wir herumhängen, dösen, die Gedanken schweifen lassen".*

Faulheit und Kreativität schließen einander nicht aus – im Gegenteil. Beatle John Lennon (1940–1980) war berüchtigt für seine vermeintliche Trägheit. Wenn es beim Songschreiben nicht lief, ging er wieder ins Bett – bis ihm ein neuer Song einfiel. Wie schaffen wir es also abzuschalten, wirklich zur Ruhe zu kommen und dabei kreativ zu sein? Mein Vorschlag: Schließen Sie die Augen, und tauchen Sie ein in eine Welt, in der Sie schläfrig und hellwach zugleich sind – die Welt des Tagtraums.

Träumen Sie von Dingen, die Sie berühren und positiv stimmen: von Ihrer Familie, Ihren Kindern, Ihren Enkeln. Von der Karibik und von Föhr, von Rimini und vom Spreewald. Träumen Sie von schönen Dingen, die Sie noch unternehmen möchten. Und haben Sie keine Angst, sich dabei auch mal ein bisschen zu langweilen.

Ich kann mich noch gut an die großen Ferien meiner Kindheit erinnern: Zeit grenzenlos, die Tage hörten gar nicht auf, Langeweile immer inbegriffen, weil keine

Freunde da waren. Aber dann, als die Schule wieder drohte, wusste man erst: Wie schön war doch das Nichtstun!

Vom Trost in schwierigen Zeiten

Wenn man über die Liebe spricht, bewegt man sich schnell im Bereich des Unsagbaren. Die Liebe ist groß, tief, unendlich. Und das Ende der Liebe ist oft tragisch, traurig, schmerzhaft. Es sind immer die gleichen Worte für Gefühle, die es wohl gibt, seit Menschen einander lieb haben.

Ich hatte kürzlich von einem Freund erzählt, der sich in späten Jahren noch einmal verliebt hat und dessen Glück dann doch schnell zerbrach. Ich konnte ihn nur schwer trösten. Denn Liebeskummer ist meist hartnäckiger, als Worte es sind.

Jetzt habe ich ein Gedicht gefunden, das die Kraft hat, wie ich finde, auch jene zu trösten, die unglücklich sind. Es stammt von dem Menschenversteher Kurt Tucholsky. Ich möchte gerne ein paar Verse daraus zitieren – als Anleitung zum Wieder-glücklich-werden. Es heißt „Aus"!

Einmal müssen zwei auseinandergehen;
einmal will einer den anderen nicht mehr verstehen - -
einmal gabelt sich jeder Weg – und jeder geht allein.
*   wer ist daran schuld?*

Es gibt keine Schuld. Es gibt nur den Ablauf der Zeit.
Solche Straßen schneiden sich in der Unendlichkeit.
Jedes trägt den anderen mit sich herum -
*   etwas bleibt immer zurück.*

Einmal hat es euch zusammengespült,
ihr habt euch erhitzt, seid zusammengeschmolzen
*   und erkühlt.*
Ihr wart euer Kind ... Jede Hälfte sinkt nun herab –:
*   ein neuer Mensch ...*

Jeder geht seinem kleinen Schicksal zu.
Leben ist Wandlung. Jedes Ich sucht ein Du.
Jeder sucht seine Zukunft. Und geht mit stockendem
*   Fuß,*
vorwärtsgerissen vom Willen, ohne Erklärung und
ohne Gruß
*   in ein fernes Land.*

Das Gedicht ist fast 100 Jahre alt – und ist so frisch, als wäre es gestern geschrieben worden.

Es hat keinen Sinn, über Schuld zu sprechen, wenn eine Liebe zu Ende geht. Das habe ich auch meinem Freund gesagt, der immer noch an seinen Erinnerungen hängt und sie nicht loslassen will.

Ich habe ihm gesagt, du bist doch jetzt auch ein Teil von ihr – wie sie auch ein Teil von dir ist. Du wirst in ihrem Leben immer eine Rolle spielen – so wie sie in deinem.

Und das ist das wirklich Tröstliche bei einer zerbrochenen Liebe, wie Tucholsky es so wunderbar beschrieben hat: Ihr wart euer Kind. Und jetzt seid ihr ein neuer Mensch.

Ich darf hinzufügen: Man liest kein Gedicht und ist dann nicht mehr traurig. Jedes Gefühl braucht Zeit. Die großen schönen Gefühle. Und leider auch die, die uns so wehtun.

Das große Glück der Freundschaft

„Wenn man nichts sagen muss und der andere trotzdem weiß, was man denkt – das ist Freundschaft. Wahre Freunde fordern nie, sie erkennen und geben."

Diese wunderbaren Worte findet man im Netz, wenn man den Begriff „Freundschaft" eingibt. Und: *„Ein wahrer Freund ist der, der nicht nur deine Hand berührt, sondern auch dein Herz."*

Wie ist das nun mit der Freundschaft in Corona-Zeiten? Haben Sie auch Sätze gehört wie: *„Der meldet sich nicht mehr. Vielleicht traut er sich wegen Corona nicht aus dem Haus …"*

Sicherlich mag es so was geben. Wir kennen darüber noch keine Statistik. Ich glaube aber, es ist die Ausnahme. Echte Freundschaften zerbrechen nicht, weil sich äußere Umstände ändern durch Krankheiten, plötzliche Armut, Schicksalsschläge. Denn gerade dann zeigt sich, was Freundschaft wert ist. Im Volksmund (wie klug der doch oft formuliert) heißt es: Wahre Freunde gehen durch dick und dünn!

Trotzdem: Mit der Freundschaft ist das so eine merkwürdige Sache: Zwar kommen für 86 Prozent der Deutschen Freundschaften noch vor Familie und Partnerschaft. Aber gleichzeitig hat jeder von uns statistisch gesehen gerade mal 3,7 wirklich enge Freunde – und jede Freundschaft endet nach rund sieben Jahren.

Übersetzt heißt das: Wenn wir jemanden – egal ob Frau oder Mann – zum Freund auserkoren haben, gab und gibt es dafür einen guten Grund: Durch Freundschaften bekommt unser Leben einen Sinn. Es ist ein gutes Gefühl, für einen anderen Menschen da zu sein und eine wichtige Rolle zu spielen – wie schön, wenn wir für einen anderen Menschen ebenso wichtig sind.

Wenn eine Freundschaft endet, muss das nicht schlimm sein. Wir verändern uns – wie die Freude um uns herum es auch tun. Freunde fürs Leben – wie schön, wenn manche von uns das erleben dürfen.

Allerdings finden wir diese seltenen unzerstörbaren Verbindungen nicht über Freundschaftsanfragen und Likes. Wissenschaftler fanden heraus: Wir können zwischen 100 und 150 soziale Kontakte bewältigen, mehr geht nicht in unseren Kopf. Aber welche dieser vielen Begegnungen, die wir in unserem Leben haben, zu echter Freundschaft führt, verrät uns unser Schicksal erst hinterher.

„Wer in dein Leben tritt, sollte in dein Leben treten", heißt ein schöner Satz eines unbekannten Dichters. *„Was daraus wird, liegt an dir."*

Mein Freund, der Baum

Sie sind oft an ihm vorbeigegangen. Nun fehlt da was. Der Stumpf steht noch, frisch gesägt, ein paar Späne liegen daneben. Mitten in der City, in Ihrer Straße, vor Ihren Augen. Jemand hat Ihren Baum gefällt. Den stillen Kameraden, der immer dort stand, wo Sie wohnen. Und nun nicht mehr da ist. Es ist, als hätte man ein Stück von Ihnen selbst genommen.

So oder so ähnlich haben es Hunderttausende Menschen erlebt. Bäume werden gefällt, und wir sind traurig. Forstwissenschaftler haben Ihren Baum überprüft. Er war wohl schon müde und brüchig. Er war, so heißt es dann, eine Gefahr für die Umwelt. Man kann das verstehen. Und will es nicht wahrhaben.

Seit Urzeiten existiert eine geheimnisvolle Beziehung zwischen Baum und Mensch. Bäume stehen für Schutz, Magie und Liebe. Sie flüstern, sie rauschen, sie knacken. Bei ihnen fühlen wir uns wohl – geborgen wie bei einem großen, starken Menschen.

Wie schön hat das die Sängerin Alexandra (die mit der tiefen Stimme) in Worte gefasst:

Ich wollt dich längst schon wieder sehen
Mein alter Freund aus Kindertagen
Ich hatte manches dir zu sagen
Und wusste du wirst mich verstehen

Als kleines Mädchen kam ich schon
Zu dir mit all den Kindersorgen

115

Ich fühlte mich bei dir geborgen
Und aller Kummer flog davon ...

Mein Freund der Baum
Ist tot
Er fiel im frühen Morgenrot

Alexandra ist 1969 bei einem Verkehrsunfall gestorben –
ihr Lied „Mein Freund, der Baum" berührt noch immer
viele Menschen. Sie können es sich auf YouTube anhören,
es lohnt sich.

Geheimnis Bäume – ganz gelöst wird es wohl nie!
Einen Teil von ihnen nutzen wir täglich: als Zeitung, Papier jeder Art, Möbel. Dahinter steht immer ein Baum.
Was verschwindet, wird wieder aufgeforstet. Aber es sind
diese anderen, die anonymen Bäume, über deren Schicksal wir nicht nachdenken, weil wir sie nicht sehen. Im
Gegensatz zu den Bäumen, die unsere Freunde geworden
sind.

Wenn Sie, liebe Leser, das nächste Mal durch Ihre
Straßen gehen, sollten Sie sich an diesen schönen Nachbarn erfreuen. Angucken, berühren, vielleicht sogar kurz
streicheln – warum denn eigentlich nicht. Irgendwie haben es die Bäume verdient, finde ich.

Meine Kollegin Steffi hat ihre Liebe zu einem Baum in
einfachen und schönen Worten ausgedrückt: *„Von unserer Dachterrasse schauen wir auf eine sibirische Ulme.*
Es ist jedes Mal, als wären wir über den Dächern von
Berlin und gleichzeitig im Wald – wunderschön. Danke,
lieber Baum!"

Das Geheimnis unserer Träume

Am Tag, als Angela Merkel ihre Sommerpressekonferenz abhielt, saß ich nachts mit ihr in einem Baumhaus. Unter uns viele laute Menschen, Demonstration. Als ich erwachte, dachte ich mir: Was für ein irrer Traum! Als ich wieder eingeschlafen war, ging dieser wirre Traum weiter ...

Ich kenne Angela Merkel nicht persönlich. Und Baumhäuser kenne ich nur von Fotos. Und bei Demos war ich auch schon lange nicht mehr. Was diese Kombination in meinem Gehirn erzeugt hat, wird ein Rätsel bleiben.

Das Geheimnis unserer Träume – unzählige Forscher in vielen Generationen haben versucht, es zu ergründen. Zeigen Träume auf, was wir eigentlich verdrängen wollen? Widerspiegeln sie unsere Sehnsüchte? Haben sie überwiegend mit Sexualität zu tun, wie Freud es glaubte? Oder sind sie einfach nur eine Art Abbild des Alltags? Eine aktuelle Untersuchung von mehr als 24.000 Träumen bestätigt diese Vermutung. Die Royal Society, eine Forschungsgemeinschaft internationaler Wissenschaftler, fand heraus: Im Schlaf verarbeiten wir vor allem unsere Wacheindrücke.

Wir träumen alle, jede Nacht, auch wenn wir uns nicht daran erinnern. Selbst wenn wir versuchen, den Traum zu erzählen oder aufzuschreiben, fehlen uns oft Teile. Wenn wir träumen, wird nicht nur unser Gehirn aktiv, sondern auch Gefühle und sogar Muskeln. Manchmal

wachen wir auf: mit schnell klopfendem Herzen, schweiß-
gebadet, nach Luft schnappend. Natürlich gibt es solche
Albträume, wer kennt sie nicht. Aber überwiegend, so
ist meine Erfahrung, sind Träume Gebilde wunderbarer
Fantasie. Ich gehe oft mit meinem Vater spazieren. Er ist
seit 20 Jahren tot.

Im Traum mischen sich Generationen. Es treffen sich
Menschen, die einander nie kennengelernt haben. Es gibt
Träume, in denen Farben explodieren. Und es gibt Träume
voller Gefühle, wie sie Heinrich Heine in einem Gedicht
eindrucksvoll formuliert hat. Heine, der Menschenversteher, hat seine Sehnsucht in den Traum projiziert – und
wieder in den Alltag mit Worten zurückgeholt.

Ich hab im Traum geweinet,
Mir träumt', du verließest mich.
Ich wachte auf, und ich weinte
Noch lange bitterlich.

Ich hab im Traum geweinet,
Mir träumte, du bliebest mir gut.
Ich wachte auf, und noch immer
Strömt meine Tränenflut.

Träumen ist wie ein Ruf aus dem Unterbewusstsein. Es
ruft: Ich habe dir einen schönen, krassen, irren Traum ge-
liefert. Auch wenn du, lieber Träumer, dich nicht an alles
erinnern kannst und nicht alles verstehst.

Ich will dir damit sagen: du bist eine Persönlichkeit, in der unendlich viel Fantasie schlummert. deine
Träume sind einzigartig – niemand kann sie dir nehmen!

Kinder sind glücklich – trotz Maske

Ich wohne gegenüber einer Grundschule. Ich sehe jeden Tag Mädchen und Jungen rennen oder zur Tür tapsen. Manche im Sauseschritt, andere gemächlich, ihr Zeitmanagement stets im Griff. Sie sammeln sich vor der Schultür, um in kleinen Gruppen reinzukönnen. Beäugt werden sie oft von ihren besorgten Eltern, die ihre Kleinen zur Schule gebracht haben.

Zwischen Flensburg und Berchtesgaden wird gerade diskutiert, wo und wann unsere Kinder und Enkel Masken tragen müssen und wo oder wann nicht. In den Klassenzimmern, auf dem Schulhof, im Hort, in der Kita – überall anders, manchmal strenger, manchmal laxer.

Warum ich das erzähle? Es gibt zwei Gemeinsamkeiten in diesem kleinen bunten Schwarm vor der Grundschule. Einmal haben alle ihre Masken aufgesetzt. Und: Sie sind alle – so scheint es mir – gut gelaunt. Soweit ich es sehe und höre: Sie reden nicht viel (ist auch schwer mit Maske). Ihre gemeinsame Sprache ist das Lachen.

Victor, der Sohn meiner Kollegin Katharina, ist neun Jahre alt. Er sagt: *„Wir haben einen neuen Lehrer. Über den sprechen wir, weil noch keiner sein Gesicht gesehen hat. Er trägt immer Maske. Mich stört die Maske nicht. Manchmal vergesse ich sie sogar abzunehmen, auch wenn ich schon wieder zu Hause bin."*

Was Victor sagt, gilt – so glaube ich – für die meisten Kinder in unseren Tagen: Sie nehmen die Masken hin, als hätte es nie was anderes gegeben. Sie machen sich gar keine Gedanken darüber – ganz anders als die Erwachsenen. Sie passen sich an. Sie spielen trotzdem. Sie lachen, freuen sich, sind traurig, sind wütend. Und das hat alles nichts mit Corona zu tun.

Wenn man die Generation fragt, die in den 50er-Jahren aufwuchs, wie ihre Kindheit gewesen ist, sagen die meisten: toll! Und sie meinen es auch so (ich auch), obwohl sehr viele damals in Umständen lebten, die wir heute Armut nennen würden: mit Entbehrungen, mit unerfüllten Wünschen, und eben auch mit Hunger. Aber die Kinder waren glücklich.

Sie spielten Fangen, Verstecken, Murmeln, Hüpfen, Seilspringen, Fußball mit halb aufgepumpten Ball (einen echten Fußball aus Leder konnten sich die wenigsten leisten). Man war immer an der frischen Luft mit Freunden – und das genügte.

Liebe Eltern, liebe Großeltern: Unsere Kinder können viel mehr aushalten, als Erwachsene manchmal denken. Vergessen Sie bitte nicht, wie es war, als Sie klein waren. Es gab kein Corona. Aber so viele Alltagssorgen, die gemeistert werden mussten: Wenn die Hose kaputt war, traute man sich nicht nach Hause. Und die Zeit vergaß man sowieso immer und kriegte Ärger. Und schlechte Zeugnisse? Welch ein Drama ...

Und all das haben wir überstanden. Und denken mit Wehmut daran zurück. Geben Sie den Schülern die Chance, ihre eigenen Erfahrungen zu machen. Und ruhig auch mal die schlechten. Und lassen Sie die Kinder – trotz Masken – glücklich sein!

Warum der Sommer bleibt

Wissen Sie, woran man merkt, dass der Herbst kommt? Die Schweizer sagen es Ihnen. Dort gibt es seit Neustem eine App, die Waldspaziergänger zu den buntesten Bäumen mit den intensivsten Farben führt. Dazu die passenden Ausflugstipps und Informationen über das goldene Herbstlaub.

Um die Schönheit des Herbstes zu genießen, brauchen wir eigentlich keine digitale Hilfe. Es genügt Eduard Mörike. Dieser Romantiker hat wie kein anderer die Stimmung dieser Tage beschrieben:

> *Im Nebel ruhet noch die Welt,*
> *noch träumen Wald und Wiesen;*
> *bald siehst du, wenn der Schleier fällt,*
> *den blauen Himmel unverstellt,*
> *herbstkräftig die gedämpfte Welt*
> *in warmem Golde fließen.*

Sie hören jetzt Worte, die wir jedes Jahr wieder hören – und die doch einen unvergänglichen Klang haben: Altweibersommer, Erntezeit, Tagundnachtgleiche, Kürbis, Kohlrouladen, Milchreis mit warmem Apfelmus.

Meine Kollegin Maria erzählt von einem unvergesslichen Herbstspaziergang mit ihrem Colliewelpen Xorbas. Es war früh morgens, ganz still – Xorbas erste Herbstsaison.

Plötzlich kam Wind auf, Eichen- und Erlenblätter segelten pausenlos herab. Xorbas sprang von einem Blatt zum anderen und versuchte, sie alle zu fangen. Er bellte, hechelte, wollte nicht aufhören. Schließlich nahm ich ihn an die Leine. Ich dachte damals: *„Wie schön der Herbst doch ist!"*

Ich ahne, liebe Leser, wie schwer es vielen fällt, sich jetzt vom Sommer zu verabschieden. Was haben wir nicht alles erlebt: Schwimmen im Badesee, Schokoladeneis draußen beim Italiener, Nackensteak beim Grillen im Nachbarsgarten und das kalte Pils dazu.

Wie tröstlich ist es, wenn man jetzt die Songs der Beach Boys auf YouTube anklickt. Wer zum Beispiel „Surfin' USA" oder „Fun Fun Fun" hört, bei dem wird der Sommer gefühlt immer bleiben.

Ist es nicht schön, dass wir in diesen Tagen gleich zwei Jahreszeiten genießen können? Sie gucken aus dem Fenster, und alles sieht nach Sommer aus. Sie gehen raus und atmen kühle Herbstluft ein.

Am Dienstag ist offizieller Herbstanfang. Aber, wie tröstlich: Sommer und Herbst – noch nie waren beide so eng beieinander wie in diesem Jahr.

Vom Wunder der Medizin

Vor 100 Jahren wurden Menschen im Durchschnitt 50, heute sind es rund 80 Jahre. Warum? Das hat viel mit

Ernährung zu tun, mit Erleichterung bei der Arbeit, mit weniger Hunger und besserer Hygiene. Vor allem aber hat es mit dem zu tun, auf das die Menschheit jetzt hofft: mit medizinischem Fortschritt.

Wer findet den ersten wirksamen Impfstoff gegen Corona? Ärzte, Forscher, Pharmaindustrie – wir schauen auf sie wie nie zuvor. Welches Labor in welchem Land entdeckt das Serum? Wer schafft es, Millionen Menschen die Angst zu nehmen vor Ansteckung, Krankheit und Tod?

Vom Baby bis zum Greis profitieren alle von der modernen Medizin. Wir müssen gar nicht so lange zurückschauen – da war alles anders. Und so viel schlechter.

Matrosen auf hoher See: Ein Mann wird verletzt, muss operiert werden. Und als Betäubung nichts als einen Schluck Rum und ein Stück Holz im Mund. Zum Schaudern, aber so war es damals. Erst im 19. Jahrhundert wurde die moderne Anästhesie erfunden – besser bekannt als Narkose.

Manchmal verdankt die Welt den Fortschritt einem Zufall. So wie bei Alexander Fleming (1881–1955). Der schottische Bakteriologe und spätere Nobelpreisträger hatte als Arzt den Ersten Weltkrieg miterlebt. Er fand heraus, dass mehr Soldaten an Wundstarrkrampf starben als an Kugeln und Granaten. So begann seine Suche nach einem Gegenmittel.

Weil Fleming unordentlich war, vergaß er vor dem Urlaub, sein Labor aufzuräumen. Die Bakterien, an denen er gerade forschte, ließ er einfach stehen. Sechs Wochen später kam er zurück – und machte einen Fund, der die Menschheit für immer verändern sollte. Schimmelpilze hatten in den Schalen gewuchert. Er isolierte sie – und entdeckte Penicillin, das wichtigste Antibiotikum unserer Zeit. Es hat bis heute Milliarden Menschen das Leben gerettet.

Warum ich das alles erzähle: Immer noch misstrauen viele der Pharmaindustrie, für sie hat dieser Begriff etwas Negatives. Die Wahrheit ist: Ohne die Pharmazie und die großen Forscher, Ärzte und Entdecker könnten wir heute nicht so leben, wie wir es tun.

Wie wichtig Medikamente sein können, habe ich selbst erlebt. Mein Vater war zuckerkrank. Er hatte Diabetes Typ B, Alterszucker. Er hat es erst spät entdeckt, weil er ungern zu Ärzten ging. Dann bekam er Insulin, eine Spritze täglich. Meine Mutter gab sie ihm, ob er meckerte oder nicht.

Mein Vater hatte noch viele schöne Jahre vor sich.
Und wir hatten noch viele schöne Jahre mit ihm.

Aus Liebe zu Deutschland

Am 3. Oktober denke ich an Deutschland. Zu unserem Feiertag darf man ein bisschen pathetisch sein, finde ich. Der 3. Oktober ist nicht nur Tag der Deutschen Einheit, es ist der Vorabend der Wiedervereinigung zwischen Ost und West.

Wie seltsam: Wir leben in einem wunderbaren Land. Wir haben so viel, um das uns die Welt beneidet.

Wie oft hört man Sätze wie: *„Ihr in Deutschland, Ihr habt's gut!"*

Und wirklich: Wir stehen im Vergleich zu unseren europäischen Nachbarn hervorragend da. Uns geht es wirtschaftlich gut, wir sind von Corona weniger betroffen als andere, die Lebenserwartung ist höher als sonst in Europa.

Es geht nicht darum, dass diese Zahlen uns hochmütig machen. Sie zeigen aber: Wir leben in einem tollen Land!

Der Grüne Anton Hofreiter beschrieb am Mittwoch im Bundestag, *„wie viel Kraft in diesem Land steckt".* Der Regisseur Roland Emmerich (64, „Independence Day"), der schon seit Jahren in Los Angeles lebt, sagt: „Wenn ich in mein Herz hineinhorche, ist Deutschland immer noch mein eigentliches Zuhause. Am besten fühle ich mich bei meiner Mutter in Sindelfingen."

Das ist typisch. Deutsche im Ausland denken oft anders, oft viel positiver über ihr Land. Natürlich darf man kritisieren, mäkeln, Dinge schlecht finden, das ist unser Recht auf freie Meinungsäußerung. Aber bitte, liebe Leserinnen und Leser: Was sehen wir, wenn wir heute aus dem Fenster schauen? Wir sehen das, was keine Statistik erfasst.

Wir sehen Städte, in denen keine Müllberge liegen. Parks mit alten Eichen und Buchen. Wir sehen deutsche Autos, um die uns die ganze Welt beneidet. Im Vergleich zu anderen Ländern ist unsere Arbeitslosenquote gering. Überall Kinder, von ihren Eltern liebevoll gehegt.

Die Liebe zu Deutschland – im Urlaub zeigt sie sich besonders (als wir noch normalen Urlaub machen konnten).

„Was vermissen Sie auf Reisen am meisten?" fragte ein großes Reiseportal. Die wichtigsten Antworten: die gewohnte Umgebung, meine Freunde oder Nachbarn, Sauberkeit rundum, die deutsche Sprache; das deutsche Fernsehen (wer hätte das gedacht!).

Ist es nicht fast rührend, wie kleine Dinge des Lebens große Sehnsüchte erzeugen können? Ich bin im Urlaub – und denke an meine gewohnte Umgebung, also an mein Zuhause.

Und hier schließt sich der Kreis. Morgen ist unser Feiertag. Ich finde, ein wunderbarer Anlass, um darüber nachzudenken, wie toll Deutschland ist. Und was wir vermissen, wenn wir nicht zu Hause sein können.

Jeder Tag ist ein Abenteuer

Mein Sohn fragte, ob ich für ein paar Tage mit ihm auf einen Reiterhof fahren würde. „Hast du denn schon wieder Urlaub?" wollte ich wissen. *„Und wo ist das? Darf man denn da überhaupt hin?"*

Solche oder ähnliche Dialoge wird es jetzt in deutschen Familien oft geben. Die sogenannte schönste Zeit des Jahres wird eher zur Belastung: Man weiß ja gar nicht, wie man irgendwo hinkommt. Haben die Hotels überhaupt geöffnet? Muss man da dann auch im Haus Masken tragen? Und wenn ich für einen Absacker in die Bar gehen will – geht das?

Irgendwie scheint die Zeit stehen geblieben zu sein. Es ist, als würden wir im Jetzt stecken und nicht wieder rauskommen. Wer wagt es heute noch, lange vorauszuplanen? Ein paar Tage – vielleicht. Monate? Geht gar nicht. Und selbst die Weihnachtstage – lass uns abwarten, ob wir wegfahren, heißt es bei den meisten. Zu Hause ist es doch auch schön.

Schon im April erklärten 75 Prozent der Deutschen, dass sie ihre Entscheidungen nur noch von Tag zu Tag treffen würden. Dieser Trend dürfte sich inzwischen noch verstärkt haben. Wir haben alle an die Planbarkeit unseres Alltags geglaubt. Und wir haben entsprechend gelebt.

Wer seine Termine im Smartphone deponierte, hörte es ständig summen: Jeder Tag, jede Woche, jeder Monat war bis ins Detail durchgeplant: Brille abgeben, Kleider von der Reinigung holen, am Sonntag frische Brötchen holen (als wenn man das nicht auch ohne Handy wüsste!), Kaffee bei dem und dem, diesem und jenem zum Geburtstag gratulieren und so weiter und so weiter ...

Für den überbordenden elektronischen Terminkalender, in dem die Eintragungen in dem bunten kleinen Kästchen so dicht aufeinanderfolgten, dass dazwischen kein Platz mehr war, erfand man einen eigenen Begriff: Ich bin komplett durchgetaktet. Je mehr Termine, desto wichtiger der Mensch, dachten viele.

Jetzt ist das Smartphone weitgehend still. Jeder Tag ein neues Abenteuer, weil fast nichts vorausgeplant ist. Natürlich haben wir weiter unsere Bürotermine. Aber das, was das Leben schön und prall machte, geht jetzt nicht mehr: ein bisschen an morgen denken. Zwischendurch vom Besonderen träumen, von Stränden, Palmen, fernen Ländern.

„Denke lieber an das, was du hast, als an das, was dir fehlt", hat der römische Kaiser und Philosoph Mark Aurel (121–180 n. Chr.) so wunderbar geschrieben. Seine Worte sind wie ein Wegweiser in unsere Zeit – fast 2.000 Jahre nach seinem Tod.

Vergessen Sie Urlaubstage, Brückentage, Geburtstage. Denken Sie einfach nur an heute.

Zu Hause ist ein Lebensgefühl

Wenn ich Fieber, Zahnweh, Bauchschmerzen hatte, sagte meine Mutter: *„Mach dir keine Sorgen, du wirst bald wieder gesund."* Und: *„Wir machen es uns zu Hause gemütlich."* Ich habe diesen Satz nie vergessen, denn meine Mutter hat ihn oft wiederholt – immer, wenn es mir schlecht ging.

Und im Kern ist nicht hängengeblieben, dass ich krank war (das hat jedes Kind erlebt). Sondern, wie meine Mutter über unser Zuhause sprach. Eine Dimension, die ich damals gar nicht erfassen konnte – heute aber umso mehr.

Das Zuhause spielt in Corona-Zeiten eine bedeutende Rolle, womöglich mehr als je zuvor. Ganz nüchtern kann man das an Zahlen belegen: 61 % der Deutschen, so eine neue Umfrage, wollen sich in diesem Jahr lieber neue Möbel anschaffen, als in Urlaub zu fahren. 1.000 Euro ist dabei das Durchschnittsbudget (73 % der Befragten). „Normalerweise sind Juli und August eher keine Möbelmonate. Aber in diesem Jahr ist alles anders", sagt Jan Kurth, Geschäftsführer des Verbandes der Deutschen Möbelindustrie.

Wir rüsten unser Zuhause auf, wir machen es uns gemütlich. Es ist, als kehrten wir zu uns selber zurück. Es ist, wie der Dichter Hermann Hesse so schön schrieb:

> *„Heimat ist nicht da oder dort,*
> *Heimat ist in dir drinnen,*
> *Oder nirgends."*

Ist Heimat das ganz Große? Und Zuhause das etwas Kleinere? Ich glaube: Beides gehört zusammen. Zuhause ist Heimat, wenn man zum Beispiel auf Gegenstände schaut, die unsere Seele berühren: der Ledersessel meines Vaters, ein farbiger Stich aus Venedig, das Lieblingsbild meiner Mutter, ein Miniaturlöwe mit geöffnetem Maul aus Bronze von meiner Großmutter.

Für meine gute Bekannte Esther ist Musik auch ein Stück Heimat. *„Wenn ich nicht einschlafen konnte, spielte mir meine Großmutter etwas aus dem Musikmärchen ‚Peter und der Wolf von Prokofjew' vor. Nach wenigen Minuten war ich eingeduselt."*

Der Geruch von frisch gemähtem Rasen – auch ein Stück Heimat.

Heimat, so finde ich, kann der Regen sein, der auf unser Haus prasselt. Er klingt anders in fremden vier Wänden, anders im Hotel. Er löst ein wohliges Gefühl aus – so lange man zu Hause ist.

Ich hatte einen Freund, der auf der Hamburger Veddel wohnte, 20 Meter entfernt vom Bahnhof. Ohne hinzugucken, kannte er jeden Zug zu jeder Stunde. *„Das ist der 16.20 Uhr nach Altona."* Ich fragte ihn, wie er das aushielte? *„Ich vermisse es, wenn ich nicht zu Hause bin."*

Was sagt uns das alles? Zuhause ist immer auch ein Stück Heimat – im stuckverzierten Altbau oder im Flachbau direkt am Bahnhof.

Die amerikanische Bestsellerautorin Joyce Maynard hat das wunderbar formuliert: *„Ein gutes Zuhause muss man sich machen, nicht kaufen. Am Ende sind es nicht die Fenster, die Licht in ein Haus bringen."*

Gott hat mitgebohrt

Mit dem Wort „Wunder" sollte man vorsichtig sein. Heute werde ich ihnen aber eine Geschichte erzählen, in der das Wort zutrifft: Das Wunder von Lengede. Heute auf den Tag genau vor 57 Jahren geschah eine Tragödie, die ganz

Deutschland 14 Tage lang in Atem hielt – und noch immer nachhallt.

Am 24. Oktober 1963 brach eine Eisenerzgrube im niedersächsischen Lengede ein und verschüttete 129 Bergleute. 29 Männer starben, 79 konnten sich retten. Es war noch die Zeit, in der Hunderttausende im Bergbau beschäftigt waren. Bergwerke ernährten unzählige Familien.

Was zunächst noch niemand ahnte: 21 Kumpel hatten sich in einen Hohlraum, Alter Mann genannt, gerettet. Sie hatten weder Nahrung noch Licht – nur Wasser, das von den Wänden tropfte. Ob sie noch lebten, wusste draußen keiner.

Die Rettungsleute gaben nicht auf. Eine Suchbohrung folgte der anderen. Nach acht Tagen zog die Grubenleitung die Retter ab und erklärte die Vermissten für tot.

Die Bergleute der Zeche glaubten trotzdem daran, dass noch Kumpel am Leben sein könnten. Sie bedrängten den Werksleiter: „Bohren Sie weiter, sonst gehen wir zur BILD-Zeitung!"

Fast 400 aus aller Welt angereiste Zeitungsreporter berichteten aus Lengede. 48 Pressekonferenzen wurden abgehalten. Buchstäblich ganz Deutschland fühlte mit den Eingeschlossenen. Millionen Menschen fieberten an ihren Rundfunk- und Fernsehgeräten mit. Die Totenglocken hatten schon geläutet, die Todesanzeigen waren bereits gesetzt, zwei Bischöfe und ein Minister bereiteten sich auf ihre Gedenkreden vor.

Dann, nach zehn Tagen: Klopfzeichen aus der Tiefe. Elf Männer lebten. Sie hatten sich in einen Hohlraum gerettet. Sie wurden mit einer Metallkapsel ans Tageslicht geholt, die nur 40 Zentimeter Durchmesser hatte: die sogenannte „Dahlbusch-Bombe" – damals ein Wunderwerk moderner Technik.

Als die Bergleute wieder festen Boden betraten, ging eine Welle der Erleichterung und des Glücks durch ganz Deutschland. Ich darf das etwas pathetisch sagen, denn diese Stimmung spürt man heute noch, wenn man historische Tondokumente hört und Filmaufnahmen sieht.

Eine BILD-Schlagzeile wurde legendär: *„Gott hat mitgebohrt"*. Man spricht heute noch über diese Headline, die es aber in Wahrheit nie gegeben hat. In der Redaktionskonferenz soll sie diskutiert worden sein. Aber vielleicht ist sie den Kollegen von damals nur einfach nicht eingefallen, zu kurz war die Zeit.

Apropos Zeit. Das ist alles lange her. Zum Jahrestag der Tragödie diese eine Frage: Waren das damals andere Deutsche, die so um das Schicksal von elf Menschen bangten? Von Menschen, die sie nicht kannten und die sie eigentlich auch nichts angingen?

Ohne Beleg erlaube ich mir diese Antwort: Nein, es waren keine anderen Deutschen.
Es ist wie ein Gleichnis für unsere Tage. Natürlich sind Katastrophen nie vergleichbar, aber darauf kommt es nicht an, finde ich. Die Katastrophe, die wir heute erleben, mahnt uns: Denkt nicht nur an eure Familie, Nachbarn, Freunde. Denkt auch an die, die ihr nicht kennt.

Die schönen Erinnerungen –
sie bleiben

Auch Sie waren in diesem Jahr schon unterwegs, wetten? Schauen Sie doch einfach mal in Ihr Handy. Da sind bestimmt aktuelle Fotos drin, die zeigen, wo Sie überall waren. Zwei von drei Bundesbürgern ab 14 Jahren machen Fotos mit dem Smartphone. Das sind mehr als 48 Millionen Menschen. Mal ehrlich: Gehören Sie nicht auch dazu?

Natürlich gibt es dort Fotos von den Katzendamen Miezi und Momo, von den Katern Simba und Felix. Oder vom Dackel Buddy und dem Mops Oskar.

Der letzte Grillabend ist vielleicht auch dabei. Wie verrückt war es diesmal: Die vegane Tochter wollte gegrillte Tofuwürste und ihr Bruder haute Käsekrainer auf den Rost, der Vater – was denn sonst – briet sich ein Nackensteak. Schöne, verrückte neue Grillwelt! Und alles festgehalten auf Ihrem Smartphone ...

Diese Fotos spiegeln den Alltag der letzten Monate wider. Nichts Besonderes eigentlich – und doch ein wichtiges Stück Leben.

Es gibt Zeiten, in denen der Alltag ein Festtag ist. Viele von uns, die jetzt womöglich zu Hause bleiben müssen und nicht arbeiten können, werden sich dankbar an ihr eigenes Leben erinnern.

Wie großartig, dass unser Gedächtnis uns nicht im Stich lässt, wenn es um unsere schönsten Jahre geht – oder einfach um die Zeit, als wir noch tun konnten, was wir wollten (ganz ohne Maske). Der Dichter Jean Paul (1763–1825) fasste es in diese beeindruckenden Worte: *„Die Erinnerung ist das einzige Paradies, aus dem wir nicht vertrieben werden können."*

Was für eine Kraft können Bilder doch haben! Ich kenne Familien, die nur ein einziges kleines Schwarz-Weiß-Foto aus dem Krieg gerettet haben: ihre Großmutter, einen gefallenen Verwandten, vermisste Angehörige. Doch dieses vergilbte und zerknitterte Foto ist ein Schatz für sie, der nicht mit Geld zu bezahlen ist.

Womöglich verbergen sich auch wahre Schätze in Ihren Schränken und Schubladen, liebe Leser. Es sind Ihre alten Fotoalben – Ihr Leben in Bildern.

Jedes dieser Fotos, da wette ich, hat eine Geschichte: Der alte VW auf dem Brennerpass, das erste Bild vom Mallorca-Urlaub, der Hotelkasten auf Gran Canaria mit der Bildunterschrift: *„Im sechsten Stock haben wir gewohnt."*

Der kleine Sohn, der beim Burgenbau auf Amrum verlegen lächelnd in die Kamera guckt. Die Oma auf dem Rastplatz auf dem Weg in die Alpen. Das spontane Familienpicknick mit Mittagessen aus dem Kofferraum des Ford Capri. Mama mit ihren beiden kleinen Söhnen im Zillertal, der Vierjährige klammert sich an ihrem langen Rock fest.

Liebe Leserinnen, liebe Leser: Gucken Sie sich Ihre Fotos doch bitte mal wieder an – da sehen Sie Ihr Leben, aufgeklebt in Alben, Stunden, Tage, Wochen, Jahre nebeneinander. Reisen Sie mal wieder zurück, träumen Sie – war vieles nicht doch sehr schön? Und wie passend dazu diese Weisheit: Je älter die Fotos werden, desto jünger sieht man drauf aus.

Und denken Sie gerade jetzt – in den schwierigen Lockdown-Zeiten, die in den nächsten Wochen auf uns zukommen – an das, was der Literatur-Nobelpreisträger Gabriel García Márquez so wunderbar formuliert hat: *„Egal, was auch passiert, niemand kann dir die Tänze nehmen, die du schon getanzt hast.“*

Mein Amerika hat keine Zäune

Ich war 13 und ein Steppke aus Berlin. Ich konnte kein Wort Englisch, und es gab keinen Deutschen in 50 Kilometer Entfernung. In Glen Cove auf Long Island, einem Vorort von New York, kannten sie nur Deutsche aus dem Fernsehen. Und die trugen meistens SS-Uniformen.

Ein Tag in unserem Haus – da kamen sie. Etwa zehn Jungs, verschwitzt, alle mit Crew-Cut-Frisur (viel kürzere Haare als wir in Berlin). Sie klingelten nicht, denn es gab keine Klingel. Sie gingen vom Garten aus in unsere Küche, ich hörte die Fliegengittertür klappen. Sie machten den Kühlschrank auf und nahmen sich Orangensaft und Cola raus und tranken in aller Ruhe.

So lernte ich meine neuen Freunde kennen, konnte kein Wort wechseln, aber ihr Lachen ersetzte jede Sprache.

Bald zog ich mit ihnen mal in das Haus nebenan, mal ein paar Gärten weiter in andere Häuser. Man konnte überall rein, niemand schloss ab, niemand hatte Zäune. Wenn man Durst oder Hunger hatte, nahm man eben, was man fand.

Was für ein Kulturschock für einen kleinen Berliner Jungen! Im Fernsehen kämpfte Kennedy gegen Nixon. Ich kämpfte mit meinem Westernhelden Steve McQueen („Wanted: Dead or Alive") und sah die Serie „Rawhide" mit dem jungen Clint Eastwood. Ich saß gebannt vor der Schwarz-Weiß-Kiste und drehte stundenlang die Trommel eines für Kinder nachgebauten 45er Colts.

Ich war von der ersten Minute an ein kleiner Amerikaner. Ich musste keine Freunde finden, sie fanden mich. Ich lernte Baseball spielen, angeln, Gokart-Fahren im Hinterhof. Ich lernte den Mülleimer kennen, in dem wir ausgelesene „Playboys" finden konnten. Und ich lernte Englisch.

Das ist das Amerika, das ich damals lieben gelernt habe. Man muss nicht über Freiheit reden – man hat sie einfach. Keiner verschloss seine Tür, keiner verschloss sein Herz.

Ich weiß, dass heute vieles anders ist in Amerika. Mag sein. Aber das, was ich damals kennengelernt habe, ist immer noch die Seele dieses wunderbaren großen Landes, da bin ich sicher. Das galt damals, und das gilt noch heute.

Wenn unsere Träume fliegen

Stellen Sie sich vor, Ihre Wohnung liegt direkt neben einem Flugplatz. Sie stehen auf Ihrem Balkon, und unter Ihnen startet eine Boeing 737 oder ein Airbus A380. Ein Höllenlärm, den sich ein Besucher Ihrer Wohnung nur schwer vorstellen kann.

Rund um den Berliner Flughafen Tegel waren solche Szenen Normalität – bis zum vergangenen Wochenende. Da wurde der Flugbetrieb auf dem Airport, der seinen Ursprung in der Berliner Luftbrücke hatte, eingestellt. TV-Reporter besuchten aus diesem Anlass Familien, für die der Lärm Alltag war.

Wer gedacht hatte, die vermeintlich Lärmgeplagten wären froh gewesen, dass der Krach vorbei sei, irrten: Fast alle Befragten waren traurig, dass ihr Flughafen dichtgemacht wurde. So auch das Ehepaar, das von seinem Balkon auf die Flugbahn gucken konnte und dabei gemütlich frühstückte. Die Dame des Hauses sagte: *„Wenn wir ein Flugzeug abheben sahen, fingen wir an zu träumen. Wohin fliegen die, was Tolles erwartet die Passagiere dort, wann sind wir das nächste Mal dabei? Das ist nun alles vorbei ..."*

Geht es Ihnen nicht auch so, liebe Leser? Ein startendes Flugzeug ist immer auch ein Stück Sehnsucht, das in uns steckt. Es ist wie ein Symbol für schöne Träume, für das, was wir Fernweh nennen.

Keiner hat es besser gesagt als der große Schriftsteller Joseph Conrad (1857–1924): *„Die weitesten Reisen unternimmt man mit dem Kopf."*

Meine Kollegin Maria erzählt: *„Ich wohnte auch mal in der Nähe von einem Flughafen. Zuerst fand ich es nervig. Doch nach ein paar Wochen waren die Flugzeuge über mir schon fast Freunde. Wenn ich einen schlechten Tag hatte, war der Gedanke, wegfliegen zu können, wie Medizin.“*

Ich glaube, die größte Sehnsucht ist jene, die wir nicht genau benennen können. Es ist nicht das konkrete Hotel, der exakte Ort, womöglich nicht einmal das Land, in das wir reisen. Es ist der tiefe Wunsch in uns, etwas anderes zu erleben und zu sehen.

Als es noch keine Flugzeuge gab, haben die Menschen das Gleiche in Bahnhöfen empfunden. Viele Romane und Erzählungen spielen deshalb in Zügen. Wer je in einer dunklen Bahnhofshalle einen Zug wegfahren sah und langsam aus dem Blick verlor, kennt dieses Gefühl der Sehnsucht auch: Wo fahren die hin, ist es da vielleicht schöner als hier? Was werden die Menschen in diesem Zug an ihrem Zielort wohl erleben?

Mein Journalistenfreund Jan von Frenckell aus Hamburg stellt seit einer Woche bezaubernde Fotos auf Instagram ein. Sie zeigen Sansibar in Tansania. Ich habe ihn am Telefon erreicht und gefragt: *„Bist du wirklich auf Sansibar, oder gibst du nur mit Archivfotos an?“* Er antwortete: *„Ich wollte den Flugzeugen nicht immer nur nachschauen. Ich wollte mal wieder selbst in einem sitzen.“*

Sehnsucht – sie kann sich auch erfüllen.

Nicht vergessen –
das Leben ist schön!

Was für traurige Zeiten! Morgen ist Totensonntag, viel Regen, sechs bis sieben Grad, und es ist ganz früh dunkel. Und was immer wir machen: Über allem schwebt Corona. Geht es Ihnen auch so: Am liebsten würde man in diesen Tagen die Zeit überspringen und daran denken, was in den Wochen nach Corona alles Schönes passieren könnte.

Es ist schwer, jetzt Trost zu finden. Alles, was man möchte, darf man nicht: mit Freunden Essen gehen, mit Kindern oder Enkelkindern verreisen, kein Kino, kein Konzert, kein Sport.

Ich sage Ihnen voraus, was eigentlich selbstverständlich ist und ein bisschen wie eine Binsenweisheit klingt: Diese Pandemie, die uns seit Monaten quält, wird auch mal zu Ende gehen.

Und dann kommt das, was der Schriftsteller Ernst Ferstl so wunderbar formulierte: *„Du, auch dein Leben ist ein wunderbares Geschenk. Hast du es schon ausgepackt?"*

Wenn man sich die Geschichte Deutschlands seit 1945 anguckt, fällt eines auf: Es wurde alles immer besser, nie schlechter. Von den Hungerjahren zum üppig gedeckten Tisch für alle – Fleischesser, Vegetarier, Veganer, Flexitarier.

Jeder kann sich heute eine frische Ananas leisten, Kiwis, Mangos. Ein bisschen Schlaraffenland, oder?

Als ich 1965 meinen Führerschein machte und von meinen Eltern einen Fiat 850 geschenkt bekam, konnte ich nie sicher sein, ob ich mit diesem Auto auch ankam: Keilriemen gerissen, Bremsseil kaputt. Wenn man das jetzt jungen Leuten erzählt, schütteln sie nur den Kopf – heute kommt jedes Auto an.

Wenn ich in meiner Jugend meinen Freund treffen wollte, musste ich zu ihm. Telefone hatte kaum jemand. Heute nimmst du dein Smartphone und bist in wenigen Sekunden mit allen verbunden, die dir wichtig sind.

Ich könnte diese Reihe mühelos fortsetzen. Ich denke aber, dass diese Beispiele genügen. Sie zeigen in welcher tollen Zeit wir leben.

Und das ist für mich die eigentliche Botschaft, die Lehren dieser Pandemie.

Unser Leben ist so schön, wir können dankbar dafür sein. Wir sehnen uns jetzt nach den Dingen, die wir jahrelang täglich hatten – vor Corona. Was für ein Geschenk, was für ein Privileg!

Jetzt ist Zeit, darüber nachzudenken. Denn es wird auch eine Zeit nach Corona geben, ganz sicher.

Öffnen Sie den Kalender Ihres Herzens

Was sind unsere Kinder, unsere Enkel eigentlich für Menschen? Was können unsere nächsten Angehörigen besonders gut? Warum lieben wir sie eigentlich so? Und vor allem: Was lieben wir an ihnen?

Sie können das alles jetzt beantworten. Sagen Sie, was Sie sonst vielleicht nicht sagen. Sagen Sie nur Gutes.

Morgen ist erster Advent, am Dienstag nächster Woche beginnt der letzte Monat dieses Jahres. Zeit für Ihren Adventskalender, den Kalender Ihres Herzens.

Jeden Tag im Dezember öffnet einer Ihrer Lieben eine Tür. Er findet dann aber keine Schokolade, auch keinen Schein. Er findet einen Zettel, von Ihnen mit der Hand geschrieben. Darauf steht das, was Sie eigentlich immer schon sagen wollten, aber es so nicht gesagt haben.

◈ *Du bist ein tolles Kind.*

◈ *Du kannst alles schaffen,*
   wenn du nur fest genug daran glaubst.

◈ *Wir sind stolz auf dich.*

◈ *Schön, dass es dich gibt.*

◈ *Du bist einzigartig.*

◈ *Wir lieben dich. Ich liebe dich.*
   (Glauben Sie mir: Diesen Satz können Sie
   gar nicht oft genug sagen.)

141

Ich bin sicher, Sie finden eigene schöne Sätze. Jetzt, in den Corona-Tagen vor Weihnachten, ist es die richtige Zeit dafür.

Ich selbst habe solche Gedanken schon aufgeschrieben – an meinen jüngeren Sohn. *„Du bist schlagfertig, witzig, originell. Du kannst schwere Sachen in leichte biegen – weil du andere damit zum Lachen bringst. Bei der Beerdigung meiner Mutter hast du mir die Hand gehalten und mich, deinen Vater, getröstet. Du bist stark irgendwie, du bist wahnsinnig hilfsbereit. Du bist immer für einen da, wenn es wirklich wichtig ist. Normalerweise sagen Eltern: Du kannst auch mal zu Hause bleiben. Bei dir sage ich: Geh mal raus. Die Welt ist schön. Und sie wartet auf dich, meinen großartigen Sohn.“*

Solche Briefe des Herzens können auch andersherum verschickt werden. Von den Kindern, den Enkeln an ihre Eltern oder Großeltern. Student Konstantin (18) aus Berlin: *„Man sagt seinen Eltern doch viel zu selten, wie dankbar man ist. Ohne sie wäre ich nicht dort, wo ich jetzt bin. Ich glaube, sie würden sich sehr freuen, wenn ich ihnen diese Wertschätzung zeige. Ich werde es tun.“*

Sie können auch ein Gedicht in den Kalender Ihres Herzens stecken, zum Beispiel dieses. Geschrieben hat es der große Brandenburg-Dichter Theodor Fontane (1819–1898):

Such' nicht immer, was dir fehle;
Demut fülle deine Seele.

Dank erfülle dein Gemüt.
Alle Blumen, alle Blümchen
und darunter selbst ein Rühmchen
haben auch für dich geblüht.

Träumen mit James Bond – versuchen Sie es mal!

Ich war schon als Junge in den schönsten Hotels der Welt: im Cipriani in Venedig, im Taj Lake Palace in Indien und im The Peninsula in Hongkong. Im Cipriani bin ich über die dicken Teppiche im Foyer gelaufen, im Luxusfahrstuhl nach oben in die größten Suiten. Sie auch?

Natürlich war ich nicht da. Ich habe das wie Millionen andere erlebt mit unserem gemeinsamen Freund Sean Connery, alias James Bond. Dieser gerade gestorbene Superstar, der Held mehrerer Generationen, hat die meisten von uns in eine Welt entführt, die wir bis dahin nur vom Hörensagen kannten: die Welt des Luxus.

Nächste Woche zum Beispiel kommt „Man lebt nur zweimal" ins Fernsehen (VOX), der fünfte James-Bond-Film von 1967. Natürlich sind die Autojagden dort langsamer als die in den heutigen Bonds. Natürlich sind die Schnitte auch behäbiger. Aber was sind solche Mäkeleien gegen die zeitlose Eleganz!

Im Anthony-Sinclair-Anzug gekleidet, läuft James Bond in den Luxussuiten zielgerichtet zum großen Spiegel oder zum Wandgemälde. Da guckt er, ob irgendwo eine Wanze versteckt ist. Danach schlendert er – vielleicht nach einer Dusche, bei der er ausnahmsweise seine Walter PPK ablegt hat – zum Balkon seines Zimmeranwesens. Dort blickt er mit uns auf einen funkelnden Meereshorizont, über dem gerade eine etwas zu große Sonne untergeht. Und wir, wir können sagen: Wir sind dabei gewesen.

Ich finde, die alten James-Bond-Filme werden niemals alt. Sie haben etwas Beruhigendes. Sie sind so wie ihre ersten Hauptdarsteller Sean Connery, Roger Moore und George Lazenby – zeitlos, irgendwie unsterblich. Obwohl wir ja wissen, dass das Unsinn ist.

Es gibt cineastische Meisterwerke, über die Filmkritiker noch heute sprechen. Dazu gehört James Bond eher nicht, jedenfalls nach Meinung dieser Experten. Vielleicht zu Recht. Auch diskutiert man heute das Machogehabe von James Bond – und die Rolle der Frauen in seinen Filmen. Tatsächlich muss man manchmal eine Portion Humor mitbringen, wenn man alte Szenen nach heutigen Moralmaßstäben beurteilen soll. Aber warum sollten wir das tun? Das sind Kleinigkeiten, die dem Zeitgeist geschuldet sind.

Die Reise in ferne Paradiese, die mit diesen alten Bonds verbunden ist, lässt uns heute noch träumen, mich jedenfalls. Wer konnte sich denn in den 60er-Jahren eine Ferienreise nach Venedig, Hongkong oder Japan leisten? Pauschalreisen und Billigflieger gab es noch nicht. Und wenn manche so lange sparten, bis sie doch zu diesen exotischen Zielen reisen konnten, gab es ein weiteres Hindernis: wo wohnen?

Nur ganz wenige konnten ein Zimmer im Hilton Nassau Hotel oder im Ritz-Carlton bezahlen. Da kostete damals eine Nacht rund 1.000 Dollar und aufwärts.

Für mich sind die alten James-Bond-Filme – vor allem die mit dem verehrten Sean Connery – Stoffe zum Träumen geblieben. Natürlich kennt man alle Gags, wenn man sie 20-mal gesehen hat. Aber man kann auch 20-mal schmunzeln, gespannt sein, sich freuen. Oder finden Sie nicht? Und ganz ehrlich: Die Luxushotels mit den Herzklopfausblicken kann man sich doch gar nicht oft genug angucken ...

Vielleicht versuchen Sie es auch mal – träumen mit James Bond!

Niemand soll meinen Kummer sehen

Wir leben in einer Zeit, in der man negative Gefühle nicht zeigen will, obwohl es viele gibt. Getreu nach dem Motto: Niemand soll meinen Kummer sehen, ich will niemanden belasten mit meinen Sorgen. Happiness – das Maß aller Dinge?

Bemerkenswert, was der Bundespräsident diese Woche in einem Interview mit der „Zeit" gesagt hat. Er traf sich mit Corona-Überlebenden aus Italien, die in Deutschland behandelt worden waren. Steinmeier: *Alle am Tisch haben geweint, als einer der Patienten über das Glück seiner Wiedergeburt berichtet hat.*"

Corona prägt unser Leben – und lähmt es gleichzeitig. Es hat sich eine Kultur ausgebreitet, so empfinde ich es, in der kaum jemand erkennen lassen will, ob es ihm schlecht geht oder nicht. Auf die Frage: *„Wie geht es dir?"* kommt all zu oft die Antwort: *„Alles gut."*

Ausgerechnet in einem Jahr, das für uns wirklich nicht erfreulich war, hat sich eine Haltung ausgebreitet, die positives Denken und Happiness als Maß aller Dinge bestimmt.

Der Lyriker Karl Mayer (1786–1870) hat diesen Widerspruch in wunderbare Verse gefasst. Sie lauten:

„Wer im Saal der Tänze
Eben blond noch war,
Ach, in seiner Kammer
Hat er graues Haar ..."

Schein und Wirklichkeit liegen in diesen Zeilen weit auseinander: Unter Freunden ist man immer gut drauf, in seiner Wohnung aber überkommen einen Sorgen – und man spürt das Alter.

Auf Instagram und Facebook gab es – gefühlt – noch nie so viele gesammelte Weisheiten und Kalendersprüche wie zurzeit. Inhalt: *„Was andere können, kannst du auch"*, *„Jeder Tag ist ein Wunder. Besonders der heutige"*, *„Auch wenn du nicht genau weißt, wo du ankommst, kannst du die Weichen für den nächsten Streckenabschnitt stellen"*. Begleitet werden diese Sprüche von Blumensträußen, lieben Tieren, Sonnen jeglicher Art.

Natürlich kann man sich über solche Verse auch freuen – viele von ihnen gehen zu Herzen. Aber sie versu-

chen, etwas zu ersetzen, was Sprüche nicht leisten können: menschliche Nähe.

Linda, Werkstudentin aus Berlin: *„Eine Freundin von
mir lebt alleine. Ich habe sie immer als besonders fröh-
lichen Menschen erlebt. Jetzt hat sie mir gestanden: ‚Ich
habe furchtbare Angst, dass ich mich anstecke. Es ist
schlimm, immer alleine zu sein.‘ Sie war kurz vor dem
Weinen."*

Ist es nicht an der Zeit, unsere Gefühle wieder mehr
zu zeigen? Ist es wirklich eine Schwäche, wenn wir in diesen Tagen Angst haben? Angst vor Corona? Angst vor der
Zukunft? Natürlich müssen wir unser Innenleben nicht
jedem preisgeben. Aber eines sollten wir bedenken, bevor
wir auf die Frage antworten *„Wie geht es dir?".*

Gefühle zeigen ist etwas Großartiges.

Zwei Worte genügen: Frohe Weihnachten

Gibt es ein Weihnachtswunder? Was ich weiß – ein
Winterwunder gibt es bestimmt. Der amerikanische
Schriftsteller O. Henry hat es erzählt. In einem kleinen
Haus westlich des Washington Square in New York lebten
zwei Malerinnen: Die jüngere hieß Sue und Johnsy die
ältere. Eines Tages schlich ein kalter, unsichtbarer Fremder, wie die Ärzte damals „Pneumonia" nannten, durch

die Häuser und berührte einmal dort und einmal da einen mit seinem eisigen Finger. Es war die tödliche Lungenentzündung – es gab noch keine Antibiotika.

Auch Johnsy, die ältere Frau, wurde krank. Der Arzt sprach offen mit der jüngeren: *„Die Chancen Ihrer Freundin zu überleben sind eins zu zehn."*

Die kranke Johnsy lag derweil auf ihrem Sofa und starrte in den Hof auf eine Weinrebe, deren Blätter durch den Wind und die Kälte in schneller Folge abfielen. Die Kranke sagte: *„Eben waren es noch zehn, jetzt sind es noch drei. Und wenn das letzte Blatt gefallen ist, bin auch ich tot."*

Unter ihnen wohnte ein alter griesgrämigere Maler. Sue erzählte ihm verzweifelt vom Wahn mit dem letzten Blatt.

Dann ging sie zu ihrer Freundin zurück, schloss den Vorhang, damit man nicht mehr in den Hof gucken konnte. Die kranke Johnsy sagte: *„Wenn es hell ist, machst du den Vorhang auf. Dann wird das letzte Blatt gefallen sein – und ich werde nicht mehr leben."*

Als es aber hell geworden war, hing das letzte Blatt immer noch und am nächsten Tag auch noch. Da erholte sich die Kranke und bat um einen Tee. *„Wie konnte ich nur so dumm sein, mein Leben an ein Blatt zu hängen."*

Am selben Tag erfuhren die beiden Frauen, dass der alte Maler unter ihnen im Krankenhaus gestorben war – Lungenentzündung. Man fand seine Kleidung komplett durchnässt. Er hatte das letzte Blatt nachgemalt und an die Rebe genagelt. Bei dem eisigen Wind hatte er sich eine Lungenentzündung geholt, die tödlich war. Sue sagte zu ihrer Freundin: *„Es war sein letztes Werk, sein größtes.*

Er hat sein Leben gegeben."
Finden Sie die Geschichte sehr traurig? Ja, irgendwie ist sie es. Aber sie hat auch etwas Tröstliches, etwas Aktuelles. Weihnachten ist die Zeit der Nächstenliebe, die Zeit, an andere zu denken, etwas Gutes zu tun. Das Gute können Kleinigkeiten sein. Dass es von Herzen kommt, zählt.

Wenn ich in diesen Tagen aus dem Fenster gucke und sehe, wie ein paar letzte Blätter im eisigen Wind flattern, denke ich an diese berührende Geschichte von O. Henry. Wir wissen nicht, ob sich so etwas zugetragen hat oder ob es eine Geschichte aus der wunderbaren Fantasie des Dichters ist.

Spielt das eine Rolle? Da hat einer einen Menschen gerettet, ohne etwas dafür zu verlangen und ohne darüber zu reden. Und er hat sogar sein Leben geopfert.

Es ist sozusagen die große Weihnachtsgeschichte, die für viele kleine steht. Vielleicht regt sie uns an, in diesen Zeiten auch an unsere Nachbarn zu denken. Wissen wir, ob es ihnen gut geht? Ob sie einsam sind?

Auch wenn wir gerade aufpassen und uns alle schützen müssen: Klingeln Sie doch mal bei Ihrem Nachbarn. Sagen Sie einfach: *„Ich wollte Ihnen etwas wünschen – Frohe Weihnachten."*

Ein Satz – und er kann so viel bewirken.

„Unsere Herzen sind nicht kälter geworden"

Was für ein merkwürdiges Jahr liegt hinter uns! Und was für eines liegt wohl vor uns? Theodor Fontane (1819–1898, „Der Stechlin") hat sich diese Frage auch gestellt:

> *„Ein neues Buch, ein neues Jahr.*
> *Was werden die Tage bringen?*
> *Wird's werden wie's immer war*
> *Halb scheitern, halb gelingen?"*

Dieser kluge Dichter konnte die Zukunft natürlich auch nicht vorhersagen. Was wir aber können: über unser vergangenes Jahr nachdenken.

Martin Hikel (34, SPD) Bürgermeister des Berliner Problembezirks Neukölln, schrieb in der „BZ": *„Die Solidarität in Berlin ist groß. Das ist deshalb besonders großartig, weil dieses verrückte Corona-Jahr vieles auf den Kopf gestellt hat und unser Leben ein anderes geworden ist. Aber unsere Herzen sind nicht kälter geworden. Ich finde, das ist die wichtigste Nachricht des Jahres."*

Auch in schlechten Zeiten gibt es Gutes. In der BILD-Serie „Jahrgang 1945" haben sich viele Zeitzeugen mit anrührenden, positiven Geschichten gemeldet.

Die Leserin Ulrike Seare, geboren im Sudetenland, erzählt, dass ihr Vater in russischer Kriegsgefangenschaft mit viel zu engen Stiefeln marschieren musste und mit geschwollenem großem Zeh nicht mehr laufen konnte. *„Da stoppte ihn ein Wachsoldat, zog ein Messer. Er schnitt meinem Vater an der Stelle des großen Zehs zwei Löcher in die Stiefel. Mein Vater konnte wieder laufen – und weinte aus Dankbarkeit. Ich weine heute noch, wenn ich daran denke"*, schreibt unsere Leserin.

Bei vielen Geschichten zeigt sich, wie die Deutschen in schweren Zeiten immer auch Hoffnung hatten. Und hier, so finde ich, schließt sich ein Kreis: Diese schlimmen Jahre, über die unsere Leser so offen berichten, sind nicht lange her. Die meisten Menschen, die 1945 geboren wurden, weilen noch unter uns. Niemand kann also besser beurteilen, wie es ist, die Hoffnung nicht zu verlieren.

Der Philosoph und Bestsellerautor Rüdiger Safranski ist selbst Jahrgang 1945. Er hat für BILD wunderbare Sätze formuliert – wie eine Brücke von der Nachkriegszeit zu heute: *„Die am Kriegsende geborene Generation hat noch die Schatten der Katastrophe erlebt, Trümmer, Zerstörung, Armut, dann aber auch den Aufstieg. Eine Generation auf der Grenze: Man blickt noch ins Dunkle, erlebt aber, wie es hell wird. Deshalb ist das, was gelingt und besser wird, nie ganz selbstverständlich. Man kann noch dankbar sein."*

Gedanken, die uns Mut machen.

„Bleibt hungrig, bleibt tollkühn!"

Heute vor 14 Jahren hat ein Mann die Welt verändert – Apple-Chef Steve Jobs stellte am 9. Januar 2007 in San Francisco das erste iPhone vor. Seitdem können Menschen nicht nur miteinander telefonieren, sondern im Internet surfen, Fotos und Filme verschicken, ihr Leben online teilen.

Heute nutzen 58 Millionen Deutsche Smartphones. 19 von 20 der 14- bis 19-Jährigen haben eines. Der Anteil der Smartphone-Nutzer bei den über 70-Jährigen: immerhin noch 43,9 Prozent (Statista).

Der Mann, der mit seinen Visionen unser Universum geprägt hat, ist lange tot. Er starb 2011 an Krebs. In seinen letzten Monaten formulierte er in einer Rede vor Studenten der US-Universität Stanford Gedanken, die heute noch Gültigkeit haben.

„Eure Zeit ist beschränkt, also verschwendet sie nicht damit, dass ihr das Leben von jemand anderem lebt. Lasst nicht den Lärm fremder Meinungen eure eigenen inneren Stimmen ertränken. Habt den Mut, eurem Herzen und euerer Intuition zu folgen. Irgendwie wissen sie, was ihr wirklich werden wollt. Alles andere ist nebensächlich."

Was Steve Jobs so groß macht: Seine Innovation verbindet die ganze Welt, wie es nie zuvor möglich war. Gerade jetzt, in Corona-Zeiten, ist diese Erfindung wie ein Lebensanker, um Verwandte und Freunde in der Welt nicht nur zu sprechen, sondern dabei auch zu sehen.

Mit dem kleinen Wunderding in der Hand sind wir ohne Zeitverzögerung in Paris, in Florida, auf Mallorca oder in Berlin. Videochat und Facetime gehören zum Alltag – als wenn es nie etwas anderes gegeben hätte.

Zur Erinnerung an die etwas Älteren: Wer vor 20 Jahren zeigen wollte, an welchem Strand er sich im Urlaub gesonnt hat, musste Fotos machen, sie entwickeln lassen, per Post zu Verwandten und Freunden schicken – seht mal, wie schön es da war. Dieser Vorgang dauert heute einen Wimpernschlag. Glücksgefühle und Glückstexte mit anderen teilen – sofort!

Wer jetzt ein Smartphone benutzt (und wer tut das nicht?), sieht das als etwas Selbstverständliches an. Gerade für die Jungen ist es oft wie ein verlängertes Körperteil. Ohne geht nicht, warum auch?

Ist die Welt besser geworden durch die Erfindung von Steve Jobs? Sind wir besser geworden?

Wie soll man das beantworten? Sicher ist: Milliarden Menschen sind näher zusammengerückt – wenn auch oft nur auf einem kleinen Bildschirm. Wir wissen unendlich viel mehr übereinander als noch vor 20 Jahren. Das hat Vor- und Nachteile. Niemand kann sich mehr verstecken, die Welt ist transparent geworden. Und wie bei allen großen Erfindungen: Niemand kann die Zeit zurückdrehen, als würde es das Neue nicht geben.

Zurück zu Steve Jobs. Der Mann, der für viele ein Idol geworden ist, trug seinen herannahenden Tod tapfer und mit Würde. Den Studenten der Stanford Universität rief er am Schluss seiner Rede zu: *„Bleibt hungrig, bleibt tollkühn!"*

Ich finde, man kann es nicht besser sagen.

„Wir retten Oma und Opa!"

Ein einfacher Satz wurde zum Überlebensmotto eines ganzen Landes. Er heißt: *„Wir retten Oma und Opa."* Das Land, das diesen Slogan entwickelte und anwendet, ist Israel. Und weil es nicht nur leere Worte sind, ist Israel so erfolgreich im Kampf gegen Corona.

Der Baseler Filmproduzent Arthur Cohn ist sechsfacher Oscarpreisträger. Er war von September bis Dezember vorigen Jahres in Israel und hat darüber ein Tagebuch geschrieben, das die Schweizer „Weltwoche" in Auszügen veröffentlicht hat. Er schreibt: *„Das Wohl der älteren Bevölkerung stand stets im Zentrum der Entscheidungsträger Israels. Zugunsten des Lebens und der Gesundheit der Gefährdeten wurden herbe wirtschaftliche Verluste in Kauf genommen."*

Wie weise diese Entscheidung der israelischen Regierung ist! Wer zuerst die Alten schützt, schützt alle. Das wissen wir Deutschen eigentlich auch. Bei uns gibt es das wunderbare Sprichwort:

> *„Die Alten ehre stets,*
> *du bleibst nicht ewig Kind.*
> *Sie waren, wie du bist,*
> *und du wirst sein, was sie sind."*

Der weltweit bekannte Filmproduzent Arthur Cohn („Die Kinder des Monsieur Mathieu") hat dieses Zitat herausgehoben, weil er weiß, welche Kraft in ihm steckt. Es ist so, wie Gott es zu Moses sagte: *„Steht ehrerbietig auf, wenn ein Mensch mit grauem Haar zu euch tritt. Begegnet den Alten mit Achtung ..."* (3 Mose 19,32).

Ja, es ist höchste Zeit an die zu denken, denen wir so viel zu verdanken haben. An die Frauen und Männer, die Deutschland aufgebaut haben, damit es uns heute gut geht. Es sind die Trümmerfrauen und die Schlüsselkinder, deren Väter im Krieg geblieben sind. Für viele von ihnen sind Hunger und Kälte und Entbehrung Kindheitserinnerungen, die sich für immer eingegraben haben. Die Menschen der „Stunde Null", von denen Millionen noch unter uns weilen, haben unsere Achtung und Fürsorge verdient.

Täglich sehen wir in Fernsehfilmen und in der Werbung Bilder von Paaren, die ihren Lebensabend ohne Schmerzen und ohne Sorgen glücklich verbringen. Soziologen nennen sie gerne „Goldenager" oder „Silverager". Die rüstigen Rentner sind ein lukrativer Industriezweig geworden.

Das ist leider nur ein Teil der Wahrheit. 85 Prozent der Corona-Toten sind älter als 70 Jahre. Viele von ihnen lebten in Pflege- und Altersheimen. Wir sollten an sie denken und was für sie tun. Jetzt erst recht. Lassen Sie uns das Motto der Israelis zu unserem machen: *„Wir retten Oma und Opa!"*

Reisen, die uns keiner nehmen kann

Wenn man nicht in die Welt hinaus kann, holt man sich die Welt nach Hause. Das klingt einfach und etwas platt. Aber glauben Sie mir, es funktioniert.

Das ganze Wochenende zeigt das Fernsehen wunderbare Dokumentationen: Heute zum Beispiel auf NDR (12.45 Uhr) „Abenteuer Yukon – Reise in das wilde Herz Kanadas". Der Globetrotter Andreas Kieling, sein elfjähriger Sohn Erik und die Hündin Cita kämpfen sich entlang alter Goldgräberpfade über tief verschneite Pässe in Richtung Yukonquellen. Sie graben Schneehöhlen, jagen mit Pfeil und Bogen und zeigen, wie das Leben fernab jeglicher Zivilisation ist.

Dieser Film ist einer von rund einem Dutzend ähnlichen am Wochenende. Eine Wiederholung, er hat schon ein paar Jährchen auf dem Buckel. Ich schaue ihn mir trotzdem noch mal an. Was spielt das für eine Rolle, dass der Junge Erik inzwischen ein Mann ist und die Hündin Cita eine alte Hundedame? Die Wildnis, das Abenteuer, unsere Sehnsucht also – das alles verändert sich nicht so schnell.

Wenn man in sich gekehrt so einen Reisefilm guckt, hat man den Wunsch, Ähnliches auch zu erleben. Das geht gerade nicht, aber die Reise im Kopf, die geht immer. Oder, wie der Volksmund sagt: *„Warum denn in die Ferne schweifen, wenn das Gute liegt so nah"*.

Meine junge Kollegin Maria, deren Vater Grieche ist, liebt mediterrane Küche. *„Ich freue mich auf die Food- und Reisesendung „Rund ums Mittelmeer" im Hessischen Rundfunk (morgen 15.30 Uhr). Wer wie ich für die Mittelmeerküche schwärmt, muss das sehen."*

Gönnen Sie sich doch ein Wochenendabenteuer, liebe Leser. Sie bereiten Ihren Salat mit Olivenöl aus einem ligurischen Dorf zu, um – Minuten später – mit der Eisenbahn in Sri Lanka durch Sumpfgebiete zu fahren (heute SWR, 16.00 Uhr). Oder wie wäre es mit einem Bummel durch Jaffa, den alten Hafen von Tel Aviv. Schlendern Sie durch die Gassen, und entdecken Sie den etwas anderen Flohmarkt (HR-Fernsehen, morgen 14.45 Uhr).

Das alles gibt es am Wochenende in Ihrem Zuhause, wenn Sie wollen. Vielleicht ein kleiner Trost: Jahrhundertelang lasen die Menschen Reiseberichte und träumten von Orten, in die sie selber nie reisen konnten. Aber sie konnten träumen. Sie lasen Mark Twain und Georg Forster, Karl May und Goethe.

Für mich ist Joseph Conrad (1857–1924) der Größte, der berühmte Reise- und Seeschriftsteller. Er hatte alle fünf Kontinente auf Schiffen kennengelernt. Von ihm stammt ein einfacher, aber weiser Satz, der nichts von seiner Aktualität verloren hat: *„Die weitesten Reisen unternimmt man mit dem Kopf."*

Das Glück der späten Jahre

Die blonde schlanke Frau bewegte sich auf dem roten Teppich wie eine sportliche 40-Jährige. Sie lächelte den Fotografen zu, winkte in die Kameras – was für eine Eleganz! Jane Fonda, Schauspielerin, Aerobic-Botschafterin und Klimaaktivistin ist 83 Jahre alt. Sie ist Sinnbild für ein neues Phänomen: Die ältere Generation wird immer sportlicher, leistungsfähiger, gesünder als je eine Generation vor ihr.

Diese Woche feierten zwei deutsche Prominente 80. Geburtstag: der ehemalige Siemens-Chef Heinrich von Pierer und der RTL-Comedian Jochen Busse. *„Auf meine alten Tage bin ich meiner Frau gefolgt, die angefangen hat, Golf zu spielen"*, sagt Heinrich von Pierer. *„Und dann gehe ich immer noch zum Skifahren mit meinen Kindern und Enkeln, spiele weiter Tennis. Mein Motto ist ein Satz von Mark Twain: Gib jedem Tag die Chance, der schönste deines Lebens zu werden."*

Jochen Busse, dessen Vormittag immer mit 45 Minuten Yoga beginnt, sagte in „BILD am Sonntag": *„Ich lese viel, höre gern klassische Musik, telefoniere mit Freunden und führe ab und zu den Hund einer lieben Bekannten aus."*

Ich weiß natürlich, liebe Leser, dieses positive Lebensgefühl steht nicht für alle 80-Jährigen. Es ist auch das Alter der schweren Krankheiten, der Einsamkeit – vor allem zu Zeiten von Corona. Aber, wie verblüffend: Eine Studie aus dem Jahr 2018 von der University of California: *„Die älteren Studienteilnehmer wurden während ihres Lebens stetig zufriedener und glücklicher – von Jahr zu Jahr und von Jahrzehnt zu Jahrzehnt"*, fand Dilip V. Jeste, geriatrischer Neuropsychiater aus San Diego, heraus.

„Die heutige ältere Generation", sagt Ingo Froböse, Professor an der Deutschen Sporthochschule in Köln „weiß, dass sie was tun muss. In diesen Jahren sind sie aktiver und dementsprechend gesünder, weil sie eine längere, höhere Lebensqualität auch genießen wollen."

Den Eindruck des Wissenschaftlers kann ich nur bestätigen. Im Supermarkt zum Beispiel (nur da treffen wir zurzeit andere) sehe ich Ältere, die zufrieden wirken, gelassen, irgendwie glücklich, soweit man das beurteilen kann. Sind sie typisch für diese schwere Zeit? Ruhen sie deshalb in sich, weil sie schon so viel erlebt haben? Gehen sie deshalb souveräner mit der jetzigen Situation um?

Die deutsche Dichterin und Historikerin Ricarda Huch (1864–1947), eine kluge und mutige Frau, hat sich ihr Leben lang mit Alter und Vergänglichkeit befasst. Eines ihrer schönsten Gedichte heißt „Die Lebensalter". Es ist in Jahrzehnte eingeteilt und beginnt mit zehn, endet mit 80. Die letzten Zeilen lauten:

Schöner wird täglich die Welt,
die zärtlich das Abendrot anhaucht. ...

Sterne ziehen herauf, des Mondes silberne Welle
Fließt um dein silbernes Haupt. ...

Mit zwei Büchsen Ravioli in der Schneekatastrophe

Ein Freund hatte mich eingeladen. *„Komm doch in meine Mühle. Da feiern wir Silvester. Ein paar junge Leute aus dem Dorf bringen was zu trinken mit.“* Ich fuhr von Hamburg aus nach Niedersachsen ins Wendland. In der Nähe von der kleinen Stadt Dannenberg lebte mein Freund, er hatte sich dort eine alte Windmühle ausgebaut.

Es war der 28. Dezember 1978, ein Donnerstag. Im Auto hörte ich den Wetterbericht: im Norden Niederschläge, östlich der Elbe Schnee, sonst Regen. Temperaturen bis zu drei Grad. An diese Sätze habe ich noch oft gedacht – eigentlich bis heute. Als ich in der Mühle ankam, ahnte niemand, dass die größte Schneekatastrophe der Nachkriegszeit auf uns zuraste.

„Wir müssen noch einkaufen“, sagte mein Freund. *„Ich hab' nur noch zwei Büchsen Ravioli.“* Es war die Standardnahrung für Junggesellen in dieser Zeit. Auch an diese Worte sollte ich noch lange denken. Es war nachmittags, es wurde dunkel. Und kalt. Ich sagte: *„Mach doch mal das Fenster zu, es zieht.“* Er antwortete: *„Das Fenster ist zu.“* Innerhalb weniger Stunden fielen die Temperaturen von zehn Grad über null bis zu minus 15 Grad in der Nacht. Und es schneite gewaltige Schneeflocken, die eher Hagelkörnern ähnelten. Es schneite ohne Pause, der Schnee deckte alles zu: Hecken, Bäumchen, Wiesen, Felder – und auch unsere Mühle. Am Abend konnten wir die Tür nicht mehr öffnen, eine weiße Wunderlandschaft um

uns herum, die uns leider nur Angst machte. Wie sollen wir hier wieder rauskommen, fragten wir uns. Und öffneten die letzte Raviolibüchse. Gottseidank ging die Heizung noch.

Deutschland erwachte am nächsten Morgen wie in einer Eiszeit, die man mit solcher Wucht nicht für möglich gehalten hätte. Aber in diesen Stunden zeigte sich auch, zu was Menschen in der Not fähig sind. Als der Schnee schon meterhoch war – es sollte 72 Stunden schneien - hörten wir ein Tuckern, das auf uns zukam. Die Bauern in dem Dorf Prepow hatten sich zusammengeschlossen, um einander zu helfen. Sie bahnten sich mit ihren Treckern einen Weg, sie brachten Kaffee in Thermosflaschen in abgelegene Gehöfte, sie trieben gemeinsam das draußen gebliebene Vieh in die Ställe, auch wenn es ihnen nicht gehörte. Und sie kamen zu uns in die Mühle, um uns auszubuddeln.

Ich habe eine solche Solidarität, eine solche Wärme und Hilfsbereitschaft nie wieder erlebt. Als ich zurück in Berlin war und meinen Job als Reporter bei der Berliner Morgenpost machte, wurde ich einer Schneeschipp-Abteilung von Freiwilligen der Berliner Stadtreinigung zugeteilt. Schaufel in die Hand gedrückt und los. So konnte ich ein bisschen von dem zurückgeben, was so viele andere zuvor getan hatten: helfen, ohne zu fragen.

Was hat die Schneekatastrophe 1978 mit uns gemacht? Vielleicht dies: Man kann nie sicher sein, dass uns etwas trifft, das wir nicht kannten und dessen Wucht niemand vorhersehen konnte. Und: Die Stunde der Not ist auch die Stunde der stillen Helden. Der Dichter Hölderlin hat das in wunderbare Worte gefasst: *„Wo aber Gefahr ist, wächst das Rettende auch.“*

„Schau mir in die Augen, Kleines!"

Es ist ein Satz, der Filmgeschichte schrieb: *„Schau mir in die Augen, Kleines!"* Das sagt Humphrey Bogart (1899–1957) im Agenten-Klassiker „Casablanca" als letzten Satz zu seiner Partnerin Ingrid Bergman – ein Zeichen seiner Liebe. Wie wunderbar das in unsere Zeit passt!

Sie schauen in fremde Augen und versuchen zu lesen, was Sie dort sehen: Was ist mein Gegenüber für ein Mensch? Was denkt er, was sieht er? Kann man in Augen überhaupt etwas lesen? Glück, Schmerz, Wärme, Angst, Aggression? Sind unsere Augen wirklich Spiegel unserer Seele, wie es so schön heißt?

Wir sehen in diesen Tagen und Wochen bei unseren Mitmenschen nur die Augen. Mund und Nase sind bedeckt, die Zähne unsichtbar. *„Wegen der Maske ist der Augenkontakt heute viel wichtiger. Ich habe gelernt, mit den Augen zu lächeln"*, sagt Songül Korkmaz (35) aus Köln, Zugchefin im ICE in „BILD am Sonntag".

Wenn wir die Maske aufsetzen, bleibt ein Großteil der Mimik verborgen. Versteckte Aggression zum Beispiel kann unter der Maske verborgen bleiben. Ursula Hess, Professorin für Psychologie an der Humboldt-Universität Berlin: *„Je subtiler die Signale, desto schwieriger sind sie zu erkennen."* Da ist zum Beispiel der kleine Muskel namens Risorius, der die Mundwinkel zur Seite zieht, wenn wir uns ekeln oder uns etwas peinlich ist – den sieht man nicht unter der Maske.

So versuchen wir also alles in den Augen unseres Gegenübers zu lesen. Strahlen die Augen, sind sie kalt wie das berühmte Fischauge, sind sie neugierig, zeugen sie von Intelligenz?

Der geniale Maler Leonardo da Vinci (1452–1519, Mona Lisa) formulierte: *„Das Auge ist des Herzens Zeuge."*

In diesen Tagen bleibt uns gar nichts anderes übrig, als tief in die Augen unserer Mitmenschen zu schauen. Und manchmal sehen wir dann etwas Wunderschönes, etwas, was unser Leben verändern kann. Diesen Augenblick hat Kurt Tucholsky in dem Gedicht „Augen in der Großstadt" eindrucksvoll beschrieben:

Wenn du zur Arbeit gehst
am frühen Morgen,
wenn du am Bahnhof stehst
mit deinen Sorgen:

Zwei fremde Augen, ein kurzer Blick,
die Braue, Pupillen, die Lider –

Was war das?

Vielleicht dein Lebensglück …
vorbei, verweht, nie wieder.

Verse für die Ewigkeit.

Sehnsucht nach meinem Büro

Millionen Deutsche kennen das: Sie schauen in meist blasse Gesichter im Miniformat. Viele wackeln, verschwinden kurz, kommen wieder. Wenn diese Menschen sprechen, vibriert oft ihre Stimme, hallt, klingt verzerrt – Videokonferenz, Alltag im Homeoffice.

Am Anfang fanden wir das ganz toll: Arbeiten und Essen zu Hause. Wenn man ins Brötchen beißt, macht man halt kurz die Kamera aus. Der Pullover von gestern – macht nichts, auf dem Bildschirm sehen sie sowieso alle gleich aus.

Lustig auch die Umgebung. Gerne genommen: die Küche oder das Zimmer mit den Büchern. Manchmal bellt der Schäferhund, die Kollegen lachen und fragen: *„Was hast du gesagt?"*

So geht es seit Monaten. Und wir sind dankbar, überhaupt arbeiten zu können, natürlich. Aber der Verstand sagt etwas anderes als das Herz.

Wenn ich heute mit Freunden und Kollegen spreche, höre ich fast von allen diesen Satz: *„Ich möchte gerne mal wieder ins Büro."*

Es ist ein Rätsel, wie man sich auf etwas freuen kann, das man früher eher als notwendiges Übel angesehen hat: schlecht gelaunte Kollegen in der Frühe, der ewige Small Talk auf den Gängen und die Frage: *„Ist der Chef schon da?"*

Und dann immer dieses Geschwätz von Erlebnissen des Vortags: *„Ich habe einen tollen Film gesehen", „Wir waren alle zusammen essen", „Freunde haben uns besucht, sie wollten und wollten nicht gehen".*

Wie schön wäre es, genau das wieder zu erleben, was uns jahrelang gleichgültig gelassen hat, weil es halt Alltag war – Alltag im Büro. Man kam abends nach Hause, und das war dann auch zu Hause. Trotz Handy und Dauererreichbarkeit – my home is my castle, wie ein kluges englisches Sprichwort sagt. Es bedeutet, dass ein Haus ein Ort der Zuflucht ist, ein sicherer Hort.

Ich habe Sehnsucht nach meinem Büro. Nach den Damen und Herren, mit denen ich zusammen arbeite. Man nennt sie etwas geringschätzig Kollegen. Aber wir sehen sie meist länger als unsere eigenen Familien. Sie sind unser eigentlicher Lebensmittelpunkt – im Büro.

Hoffentlich können wir uns alle bald dort wiedersehen.

Hurra, hurra, die Corona-Babys sind da!

Das größte Wunder ist das kleine Wunder. Ist es Ihnen auch aufgefallen, oder bilde ich es mir nur ein: Plötzlich rollen überall Kinderwagen durch unsere Straßen und Parks. Es sind die positiven Folgen der Corona-Pandemie. Ich war nicht dabei, aber ich könnte mir Dialoge vorstellen wie: *„Komm Schatz, im Fernsehen gibt es sowieso nichts heute.“* Vor einem Jahr, als Corona über uns hereinbrach, stritten Soziologen, Therapeuten und Psychologen darüber, ob diese Seuche, die uns zwingt, zu Hause zu bleiben, bevölkerungspolitische Auswirkungen haben wird. Konkret: Werden durch Corona mehr Kinder gezeugt oder nicht? Anders gesagt: Regt Corona sogar die Liebe an? Oder sind Paare durch Corona so frustriert, dass sie gar keine Lust mehr haben zur Liebe?

Die Antwort muss ich Ihnen heute, liebe Leser, leider verwehren. Es ist noch zu früh, das statistisch messen zu können. Womöglich ist es so, als würde wirtschaftliche Unsicherheit zu einer sinkenden Geburtenrate führen. *„Existenzängste sind für die Familienplanung nicht förderlich“*, sagt der Bevölkerungsforscher Martin Bujard in der „BZ“.

Aber ich bleibe dabei: Um uns herum sind kleine Wesen unterwegs, die in diesen Tagen den Himmel über sich entdecken und natürlich ihre Mama. Es sind – und das meine ich nicht negativ – unsere ersten Corona-Babys. Meine liebe Nachbarin Patricia hat gerade ihren kleinen Sohn zur Welt gebracht. Ich habe sie in den letzten Monaten häufig im Treppenhaus getroffen – und sah, wie ihr Bäuchlein wuchs und wuchs. Irgendwann habe ich mich mit ihr auf das Baby gefreut. Und als es dann da war, war ich glücklich, als wäre ich der Vater gewesen.

Patricia: *„Ich freue mich riesig und habe den Kleinen so lieb. Endlich ist er da. Corona schert mich gerade nicht. Auch wenn es blöd ist, dass er seine Großeltern nicht kennenlernen kann. Aber das kommt schon wieder.“*

Für mich gibt es eine Essenz des Lebens, die ich in diesen Tagen mitnehme: Wir leiden unter einer Pandemie, sie legt Deutschland mehr oder weniger lahm, die Menschen sind deprimiert. Und da, wenige Meter entfernt von mir, entsteht neues Leben. Das ist, auch wenn es etwas abgedroschen klingt, der ewige Kreislauf der Natur, der stärker ist als alle Kriege, Katastrophen und Seuchen.

Johann Wolfgang von Goethe (1749–1832) hat oft über das Werden und Vergehen des Menschen nachgedacht und wunderschöne Gedanken formuliert. In seinem Bildungsroman „Wilhelm Meisters Wanderjahre" schreibt er: *„Man sieht die Blumen welken und die Blätter fallen, aber man sieht auch Früchte reifen und neue Knospen keimen. Das Leben gehört den Lebendigen an, und wer lebt, muß auf Wechsel gefaßt sein."*

Das Leben gehört den Lebendigen – daran sollten wir uns orientieren. Was für ein schöner Gedanke!

Ich rieche was, was du nicht riechst

Meine alte Schule stammt aus Kaisers Zeiten: roter Backsteinbau, düster. Neulich kam ich zufällig vorbei. Es waren keine Kinder da – Corona. Aber meine Erinnerung funktioniert auch ohne Schüler. Es war alles wieder so wie damals.

Ich brauchte die schwere Glastür nicht aufzumachen, um zu wissen, wie es drin roch: nach Bohnerwachs, Linoleum, Schulstress. Ich sah mich, als elfjährigen Steppke erstarrend vor dem großen Lehrer mit dem kleinen Latein-Notenbuch.

Das Schöne: Es macht mir heute keine Angst mehr, wenn ich daran denke. Das Gedächtnis erinnert sich eher an positive Dinge. Mehr noch: Schlechte Erinnerungen werden in unserem Gedächtnis abgemildert, damit sie uns nicht mehr so belasten, sagen Forscher.

Der chilenische Literatur-Nobelpreisträger Pablo Neruda (1904–1973) schrieb: *„So kurz dauert die Liebe und so lang das Vergessen."*

Als junger Mann hatte ich eine Freundin aus Oberhausen. Wenn sie mich besuchte, fragte sie: *„Soll ich dir ne Dubbel schmieren?"* Ich habe dieses Wort 40 Jahre nicht gehört – erst jetzt wieder.

Dubbel nennt man die Doppelstullen, die die Bergleute im Ruhrgebiet unter Tage mitnahmen. Die Brotscheiben waren zusammengeklappt, damit nicht zu viel Kohlestaub auf die belegte Seite fiel. Das Wort „Dubbel" (für doppelt) genügte, um bei mir eine wunderbare Zeitreise auszulösen – 40 Jahre zurück.

Ich habe das Gefühl, dass in den Corona-Zeiten unser Gedächtnis aktiver ist als sonst – und uns in schönere Zeiten zurückversetzen kann. Wir träumen von längst vergangenen Urlauben, weil wir uns gerade keine unbeschwerten Ferien vorstellen können.

Wenn wir jetzt darüber nachdenken, wie sehr uns ein Restaurantbesuch mit Freunden bei einem schönen Glas Wein fehlt, denken wir, so empfinde ich es jedenfalls, ganz konkret an das letzte schöne Erlebnis dieser Art: Mit wem war es, wo, was haben wir gegessen? Und tatsächlich: Unser Gedächtnis gibt alles lückenlos preis.

Die amerikanische Geruchsforscherin Rachel Herz (US-Universität Boston) fand heraus, dass von allen Sinneseindrücken Geruchserinnerungen am emotionalsten sind. Schnupperten ihre Probanden an Popcorn, empfanden sie intensive Gefühle. Sie sahen sich durch das Aroma sogar in der Zeit zurückversetzt – in ihre Kindheit.

Ein Geruch genügt, manchmal ein Bild, ein Wort, ein typischer Geschmack – und es kommt etwas hoch, was jahrzehntelang verschüttet war.

Wie schön, dass diese Erinnerungen meistens positiv sind.

Der Brief, der ein Leben verändert

Sie machen Ihren Briefkasten auf, prüfen mit schnellem Blick die Post: Oh je, was Amtliches? Polizei, Finanzamt etwa? Wer kriegt schon noch private Briefe. So einen Umschlag, wie den in dieser Woche, hatte ich noch nicht gesehen: dick, schwer, irgendwie besonders. Der Absender war die Berliner Gesundheitssenatorin.

Juhu, ich habe ihn, den Impfbescheid!

So oder so ähnlich wird es in diesen Wochen Hunderttausenden Deutschen gehen, wenn sie ein solches Schreiben in ihrem Briefkasten finden.

Das Alter hat mich also eingeholt – wie schön! Da kann man sich noch so gesund ernähren, Fahrrad fahren und von Freunden hören: *„Mensch, wie fit bist du denn noch!"* Die Behörde weiß, wie alt ich wirklich bin – und ob ich zur Risikogruppe gehöre.

In meiner Wohnung tänzelte ich herum, das dicke Schreiben in der Hand, berichtete gestikulierend meinen beiden Katzendamen vom Impfschreiben. Eigentlich wollte ich alle Bekannten anrufen und mitteilen, worüber ich mich so freute.

Wie kommt es, dass ein Brief eine solche Gefühlswallung auslöst? Bei einem, der gesund ist und keine besondere Angst vor Corona hat?

Ich glaube, ich habe eine Antwort. Dieses Schreiben überspringt in unserem Gehirn mehrere Stationen. Sie denken nicht: Na gut, dann gehe ich zur Impfstation und lass mich piksen. Wurde auch Zeit. Sie denken auch nicht mehr an die Trödel-EU und den verzögerten Impfstart. Sie sind einfach froh, dass Sie jetzt dran sind.

Mit diesem Brief rückt für Sie das Ende der Pandemie näher. Ein Stück des alten Lebensgefühls kehrt zurück, Freude auf den Frühling, Hoffnung, gute Laune.

Im Umkehrschluss wird Ihnen bewusst, dass unser Leben endlich ist.

Der Dalai Lama, das geistige und politische Oberhaupt der Tibeter, hat diesen Gedanken wunderbar formuliert: *„Das Bewusstsein der Vergänglichkeit macht* uns klar, dass wir jeden kostbaren Moment nutzen müssen."

Da ist etwas Furchtbares und Unerklärliches in unseren Alltag getreten. Der Tod, plötzlich irgendwie allgegenwärtig, so viel wurde noch nie über das Sterben gesprochen wie heute. Aber meistens haben wir Verdrängungskünstler uns gedacht: *„Mich betrifft das nicht:"*

Der Brief mit dem Impfbescheid löst also in Wahrheit nicht nur Freude aus. Er zeigt auch auf, wie angespannt wir tatsächlich waren und noch sind. Und dass eine solche Pandemie unser Leben umkrempeln kann.

Mein kleiner Rat an Sie, liebe Leser: Wenn Sie das Impfschreiben schon hatten und geimpft sind, freuen Sie sich.

Wenn sie auf so einen Brief noch warten, verzweifeln Sie nicht, er wird bald kommen. Vielleicht schon nächste Woche.

Wenn Liebe uns wieder jung macht

Jeder musste schmunzeln: Ein vielleicht zehnjährges Mädchen jagte seine Großmutter im Rollstuhl über eine vielbefahrene Straße, als wäre der Teufel hinter ihnen her. Die Vorderräder des Fahrzeugs hingen in der Luft. Die alte Dame schien keine Angst zu haben. Im Gegenteil:

Sie lachte aus vollem Hals. Der Fahrtwind ließ ihre Haare flattern. Ihre Enkelin war puterrot vor Anstrengung und vor Freude. Dieser Spaß zwischen Enkelin und Oma schien schon einige Zeit zu dauern ...

Ich war gerührt von der Szene: Ein Kind bringt seine Oma im Rollstuhl mitten auf der Straße zum Lachen. Die beiden schien es nicht zu interessieren, was andere Leute über sie denken. Sie waren wie zwei verschworene Wesen, in ihrer Welt gefangen.

Großeltern und Enkel – eine ganz besondere Beziehung. Davon berichten mir auch viele Leserinnen und Leser. Eine E-Mail kam aus Kapstadt in Südafrika. Die Eheleute Kalle und Antje Heistermann schickten mir ein Foto von ihrem „Corona-Enkelkind", wie sie es nannten: dem süßen Noah-Karl. Die Großeltern hielten ihn auf dem Bild stolz in ihren Armen.

Man kann in diesen Tagen die Bedeutung von Oma und Opa gar nicht hoch genug einschätzen: Sie kümmern sich ganz im Stillen um ihre Enkel, ohne darüber Worte zu verlieren. Sie tun heimlich unheimlich viel Gutes.

Ein wunderbares Zitat dazu aus dem Netz: *„Nur die besten Mütter werden zu Omas befördert."*

Auf den Spielplätzen in unseren Städten sieht man viele Großeltern, die liebevoll mit ihren Enkeln spielen: Sie passen auf, dass die Kleinen nicht von der Schaukel fallen, sie backen Kuchen mit ihnen im Sand, oder sie spielen sogar Fußball.

Das Deutsche Zentrum für Altersfragen hat ausgerechnet, wie man die Liebe von Oma und Opa in Zahlen messen könnte: Großeltern kümmern sich im Durchschnitt 456 Stunden im Jahr um ihre Enkel – insgesamt

2,7 Milliarden Stunden. Beim aktuellen Mindestlohn wären das 25,7 Milliarden Euro Lohnkosten im Jahr. Die Wahrheit ist: Oma und Opa verlangen keinen Pfennig. Was ist das Besondere an der Beziehung zwischen Großeltern und ihren Enkeln? Es gibt einfache Antworten. Gerade in schweren Zeiten stehen Familien zusammen, um sich gegenseitig zu helfen. Kinder müssen Schulstoff nachholen, Oma und Opa sind an ihrer Seite. So geschieht es in Deutschland gerade millionenfach – dort, wo Großeltern in der Nähe sind.

Aber es gibt noch eine weitere Erklärung für das Phänomen der besonderen Liebe zueinander. Wenn Oma oder Opa ihre winzigen Enkel in den Armen halten, macht sie das wieder jung. Es kommt zurück, was jahrelang nicht abgerufen wurde, aber immer in ihnen war: Mutter und Vater bleibt man ein Leben lang.

Mein Paradies auf zwei Rädern

Ich fahre seit vielen Jahren Fahrrad. Ich fahre täglich (wenn kein Homeoffice angesagt ist) ins Büro, rund zehn Kilometer pro Weg. Radeln – das ist mein Paradies auf zwei Rädern. Ich habe in den vergangenen Jahren auf dem Sattel mit meinen Söhnen die herrlichen Seen in Mecklenburg erlebt, war mit ihnen an der Ostsee, hab im Wald übernachtet, gezeltet, gebibbert, die Welt neu entdeckt.

Meine Söhne sind in die Jahre gekommen – sie sind jetzt Anfang 20. *„Ach Papa"*, sagten sie letzten Sommer, als man noch radeln durfte. *„Muss das sein? Wir machen wieder eine Fahrradtour, bestimmt. Aber vielleicht nächstes Jahr."*

Auch ich bin auch in die Jahre gekommen. In jene, die sich meine Kinder gar nicht vorstellen können, wie auch. Man nennt sie die goldenen Jahre. Und statt der nächsten großen Fahrradtour sehe ich mir jetzt alte Fotos von der letzten Fahrt an. Mit Sehnsucht und manchmal auch mit einem Tränlein. Wie schön die Bilder aus dem Wendland, Kiefern links und rechts, zwei lachende Jungs auf dem Fahrrad. Auf den Campingplatz, auf den wir geraten waren, weil es ununterbrochen geregnet hatte. *„Die Erinnerung ist das einzige Paradies, aus dem wir nicht vertrieben werden können"*, schrieb der Dichter Jean Paul.

Wenn Sie jetzt Ihr Fahrrad aus dem Keller holen, können Sie sogar Corona vergessen – jedenfalls solange Sie radelnd unterwegs sind. Da hat sich bisher kein noch so forscher Politiker rangetraut: Fahrradfahrer brauchen keine Maske.

Es wuselt und wimmelt von Fahrradfahrern. Überall tauchen sie plötzlich auf. Sie sind die wahren Frühlingsboten. Und ich gehöre dazu. Aber irgendwie sind jetzt gefühlt die meisten schneller als ich. Sie fliegen fast an mir vorbei: eins, zwei, drei im Sauseschritt, wie es im Kinderlied heißt. Auch wenn sie gar nicht laufen.

Noch vor Kurzem habe ich mich über die ewigen Drängler und Überholer geärgert. Na warte, Freundchen, dich kassiere ich gleich wieder, dachte ich und fuhr keuchend an ihm vorbei.

Ist es das eine Jahr, in dem ich älter geworden bin und langsamer als die meisten anderen? Oder ist es eine neue Gelassenheit, die mich heute dazu bringt, gar nicht schneller fahren zu wollen? Wahrscheinlich beides.

Die Medizinische Hochschule Hannover hat gerade untersucht, wie gesund Fahrradfahren wirklich ist. Und kam zu dem verblüffenden Ergebnis, dass E-Bike-Fahren besser ist für die Fitness als Radeln auf traditionellen Bikes. Der Grund: Wer ein E-Bike hat, fährt öfter – bei Regen, Sturm und Kälte. Und genau darauf kommt es an. Je öfter, desto besser.

Natürlich werde ich weiter Fahrradfahren. Vielleicht nicht mehr so schnell, na und? Diese Freiheit lasse ich mir nicht nehmen. Es ist das kleine, große Glück. Bitte glauben Sie es mir. Probieren Sie es doch einfach mal aus.

Warum nicht schon morgen?

Der Frühling quietscht vor Glück

Das C-Wort wolle sie über Ostern mal vergessen, schrieb mir meine Bekannte Pia, eine Unternehmerin aus Hünxe. *„Sonst wird man ja verrückt!"*

Ostern wird still, schrieb sie weiter. Und dann: *„Meine Familie kommt zu Besuch. Sie hat sich den ersten fri-*

schen Spargel von den Feldern aus Bottrop-Kirchhellen und als Nachtisch frische Waffeln gewünscht."

Was für ein großartiger Brief! Ich sehe Spargel, Waffeln, nette Menschen, die zusammensitzen und genießen, was der Alltag jetzt bietet.

Es gibt Dinge in unserem Leben, die vergehen nicht. Sie sind ein Teil von uns – und werden es immer bleiben.

Die Lyrikerin Ina Seidel hat dafür besonders schöne Worte gefunden: *„Unsterblich duften die Linden – was bangst du nur ... Blau und leuchtend wird der Sommer stehn. Unsterblich duften die Linden ..."*

Ich glaube, wir dürfen uns jetzt, am Samstag vor dem Osterfest, über einfache Dinge besonders freuen. Denn *„der Mut ist so müde geworden und die Sehnsucht so groß"*, wie der Dichter Rainer Maria Rilke schrieb.

Bei mir genügt das Wort „Spargel" schon, um das Leben schön zu finden. Gewiss: Spargel gibt es jedes Jahr, und irgendwie freuen wir uns immer, wenn er kommt. Aber diesmal ist es wie ein Ruf ans Leben: Es ist noch da, das Schöne! Es ist um uns herum, wir können es greifen. Es kostet nicht viel, jeder kann es genießen. Mehr noch: Wir lassen uns nicht nehmen, was das Leben wirklich schön und groß macht. Es genügt dann eben ein Wort, um Glücksgefühle in uns auszulösen.

Was mir noch an diesem kleinen Brief gefällt, der gar nicht zur Veröffentlichung bestimmt war (au weia!): Ich kenne Spargel aus Beelitz, die Baden-Württemberger schwören auf ihren Schwetzinger Spargel, die Bayern lieben Spargel aus Schrobenhausen. Was ich nicht kannte bisher: Spargel aus Bottrop-Kirchhellen. Ich kannte nicht mal den Ortsnamen, die Kirchhellener mögen mir verzeihen. Er klingt so schön bodenständig.

Hier schwärmt keiner über exotische Früchte aus Tahiti oder vom dry aged Wagyu-Fleisch aus Kobe (schmeckt bestimmt toll!) oder von einer Teriyaki Brookie Bowl, wie sie in den Citys jetzt Trend ist. Es geht um das wunderbare Lieblingsgemüse der Deutschen (meines auch) – Spargel.

Ich wollte in dieser Kolumne kein Loblied auf die weißen Stangen aus der Erde singen – Spargel braucht keine Werbung. Aber er ist ein Lebensgefühl.

Du stehst an der Straße und lässt dir ein Kilo einpacken. Es quietscht, weil er noch frisch ist. Und dann hältst du einen Beutel in der Hand, der verheißt, wonach du dich lange gesehnt hast: Frühling, Sonne, neues Leben. Das gilt heute, morgen, immer.

Es war doch erst gestern

Haben Sie auch den Film „Madagascar 2" gesehen, er lief gerade im TV – und wird oft wiederholt: ein sehr erfolgreicher Animationsfilm, sechs Millionen Deutsche sind deswegen ins Kino gegangen. Sie kennen vielleicht noch den Titelsong *„We like to move it, move it ..."*. Es geht um eine Gruppe verwöhnter Löwen, Giraffen, Zebras, die sprechen, fluchen und lachen können. Sie müssen notlanden in der afrikanischen Steppe – und ihre Abenteuer beginnen.

Das Jauchzen der Kinder im kleinen Kino in Berlin-Lichterfelde werde ich nie vergessen. Da saßen sie, alle Plätze besetzt, dazwischen auch Eltern oder Großeltern: alle lachten, klatschten, johlten. Ich war auch dabei. Wir schreiben das Jahr 2008. Es war doch erst gestern ...

Was ich damit sagen will: Wenn man Kinder nach deren Erfahrung fragt, die zehn Jahre zurückliegen, werden sie sich nur dunkel erinnern, wenn überhaupt. Erwachsene wissen vieles noch genau, nur eines nicht. Wann war das? Was – das war schon vor 13 Jahren?

Das Thema ist nicht auf Filme beschränkt, finde ich. Man putzt sich morgens die Zähne und denkt: *„Das mache ich nun jeden Tag seit Jahrzehnten."* Sie gehen zum Bäcker, zum Supermarkt, zur Drogerie. Sie essen, Sie trinken, Sie lachen, Sie schlafen. Das ist das Leben. Manchmal denken Sie: *„Ist das alles?"*

Mir fällt dazu ein nachdenklicher Text des Theaterschriftstellers Ödön von Horváth (1901–1938) ein. Im Vorwort zu seinen Memoiren schrieb er: *„Es klopfte und ich öffnete die Tür. Da stand er. ‚Schon?', fragte ich. ‚Schon!', sagte er. ‚Das war alles?', fragte ich. ‚Alles, was du daraus gemacht hast.' ‚Aber ich wollte doch noch meine Memoiren schreiben.' ‚Dann beeil dich!'"*

So geschah es. Ödön von Horváth vollendete seine Erinnerungen. Er wurde nur 36 Jahre alt.

Dieser wunderbare, frei erfundene Dialog zwischen dem Tod und dem Schriftsteller hat mich immer sehr beeindruckt. Bei aller Fantasie zeigt er auf, was wir so gerne verdrängen: Unsere Zeit ist endlich. Wir haben alle nur eine Strecke, von der wir nicht wissen, wie lang sie ist.

Deshalb hat mich der Kinderfilm „Madagascar 2" jetzt wieder zum Lachen gebracht – und gleichzeitig nachdenklich gestimmt. Meine Kinder, die ihn mit mir gesehen haben, sind längst erwachsen. Als sie über die Tierabenteuer gelacht haben, war das in einer anderen Episode ihres Lebens. Für die meisten Erwachsenen – auch für mich – hat sich in den letzten 13 Jahren dagegen das Leben nicht dramatisch verändert.

Ist das schlimm? Nein, ich sehe es positiv. Wenn wir durchs Leben gehen, gesund bleiben dabei, einen Job haben und unsere Familie versorgen können – ist das nicht alles, was wir brauchen?

Wenn die großen Träume sich nicht erfüllen, sind die kleinen umso wertvoller. Oder?

Online verlieben – warum denn nicht?

Wussten Sie, dass jeder vierte Deutsche schon einmal im Internet gedated hat? Verblüffend, oder? Das sind 20 Millionen Menschen – alle elf Minuten einer, wie es so schön heißt. Und in der Corona-Zeit gibt es eine klare Tendenz: Jeder Dritte Deutsche nutzt Dating-Apps, mehr als je zuvor.

Wenn man früher eine Freundschaft über eine Partneragentur suchte, sprach man eher verlegen darüber. Heute ist es bei den jungen Leuten offenes Gesprächsthema: Onlinedating – warum denn nicht! Es gibt sogar einen Namen dafür: Parshippen. Generation Smartphone postet Erfahrungen freimütig im Netz. Zwei Likes ergeben ein Match (übersetzt: zwei passen zusammen), wie ein Text aus einem Dating-Portal belegt: *„Aus Spaß habe ich mir mit meinen Freundinnen die netten Herren angeguckt und gelikt"*, schreibt eine unbekannte Userin aus Deutschland. *„Bei einem Match waren selten welche dabei, die nicht schon beim Schreiben oder beim ersten Date anzüglich wurden. Mit zweien habe ich mich gut angefreundet. Und letzte Woche habe ich endlich einen sehr netten Menschen kennengelernt, der mich versteht und auf einer Wellenlänge ist ..."*

Erkennbar, dass Onlinedating bei Kids eine Art Spiel sein kann. Allerdings: Am Ende kommt es auch bei jungen Leuten darauf an, ob sie zueinander passen und ob sie einander lieb haben können. Dieser Wunsch zieht sich durch alle Altersgruppen und alle Onlineportale – wie schön!

Onlinedating ist etwas für jeden. Gerade in Pandemiezeiten kann es ein Trost sein gegen die Einsamkeit. Man trifft sich Corona-konform auf Abstand und digital. Man lernt einander kennen, ohne sich persönlich zu sehen.

Was für ein Unterschied zu meiner Jugendzeit. Man lernte jemand anderen meist beim Tanzen kennen. Ohne den Satz *„Darf ich bitten"*, verbunden mit einer kleinen Verbeugung, ging nichts. Heute sagen die jungen Leute (vor Corona zumindest) lässiger: *„Wollen wir dancen?"* Tanzen ist damals wie heute wohl die beste Möglichkeit, einander kennenzulernen.

Heute sind wir offener geworden – zum Glück, wie ich finde. In meinem Büro höre ich junge Kollegen manchmal offen übers Dating sprechen:

Mein reisefreudiger Kollege Andreas (31) zum Beispiel erzählte mir von einem Erlebnis in Riga, der Perle des Baltikums. Allein in der fremden Stadt und mit einem langen Wochenende Zeit: *„Was machst du da?"*, fragt er sich.

Natürlich Onlinedating! Er bummelte mit der eleganten Lettin Evita über den alten Zentralmarkt. Dort lernte er seine Partnerin zwar nicht näher kennen, aber wenigstens Rupjmaizes kārtojums, eine traditionelle Schwarzbrottorte, die sehr süß schmeckt.

So fangen große Geschichten an, behauptet er.
Ich wünsche ihm viel Glück.

Ein guter Freund fürs ganze Leben

Heute will ich etwas besonders Zärtliches mit Ihnen teilen – Bücher. Was ich damit meine: Bücher kann man fühlen, streicheln, ja sogar lieben. Für mich sind Bücher wie ein guter Freund fürs ganze Leben, wie ein Stück Familie. Am 23. April war Tag des Buches.

Wer Lust aufs Lesen hat, greift immer noch zum gedruckten Buch. 2020 waren es mehr als 21 Millionen Menschen in Deutschland, die täglich oder mehrmals wöchentlich Bücher lesen. 3,6 Millionen haben in dieser Zeit auch E-Books gekauft.

Das Buch, das mich am meisten gefesselt hat, heißt „Das Lied von Bernadette", ein Roman des Exilschriftstellers Franz Werfel. Es erzählt die Geschichte des kleinen Bauernmädchens Bernadette Soubirous, der in einer Höhle die Jungfrau Maria erschien. Bernadette wurde ausgelacht – aber sie blieb bei ihrer Geschichte.

Immer mehr Menschen kamen zu der Grotte. Heute sind es jedes Jahr Millionen – der Ort ist weltberühmt und heißt Lourdes. Bernadette Soubirous trat ins Karmeliterkloster ein – sie starb mit 35 Jahren. 1933 wurde sie heiliggesprochen.

Als ich diese Wundergeschichte entdeckte, war ich 15 und las eineinhalb Tage, ohne zu essen – so fasziniert war ich von Bernadettes Leben. Ähnliche Erlebnisse haben Leser mit Krimis, Liebesromanen oder Kinderbüchern wie „Die drei ???". Man erfasst Wort um Wort, aber erlebt die Figuren, als existierten sie. Man geht mit ihnen ins Bett und wacht mit ihnen auf.

Wer Bücher liebt, liebt auch ihren Geruch. Neue Bücher duften tatsächlich – nach frisch geschnittenem Holz und Druckerschwärze. Nichts gegen E-Books: Bis zu 1.400 Bücher kann man auf einen E-Book-Reader speichern. Für einen Urlaub ist das sicher ideal, warum denn nicht!

Wenn ich an meinem Bücherregal aus Fichte vorbeigehe, greife ich manchmal in eine Reihe und ziehe wahllos ein Buch heraus. Immer das Gleiche: ganz doll pusten (wie viel Staub liegt denn da schon wieder drauf?), einmal aufmachen, den Leineneinband berühren und denken: Dich wollte ich auch noch lesen!

Wer viele Bücher hat, hat auch oft ein schlechtes Gewissen. Als würden die ungelesenen Bücher dir zurufen: *„Mensch, wann bin ich dran?"* Wenn jemand mich besucht, der keine Beziehung zu Büchern hat, höre ich manchmal die Frage: *„Hast du die alle gelesen?"*
Dann sage ich: „Alle bis auf die Reihe oben rechts – die lese ich heute Nacht." Das ist natürlich als Scherz gemeint, manche Bücher kann man nicht einfach so durchlesen. Es ist aber schön, sie bei sich zu haben.

Ich habe auch Bücher von meinen Eltern geerbt. Und da mache ich manchmal eine verblüffende Entdeckung. In dem Roman „Der kleine Prinz" von Antoine de Saint-Exupéry in der ersten deutschen Ausgabe von 1950 hatte mein längst verstorbener Vater einen Zettel hineingelegt. Ich schlug das Buch an dieser Stelle auf und fand ein Zitat, das er einst markiert hatte: *„Wenn du bei Nacht den Himmel anschaust, wird es dir sein, als lachten alle Sterne, weil ich auf einem von ihnen wohne, weil ich auf einem von ihnen lache. Du allein wirst Sterne haben, die lachen können."*

Jetzt verstehen Sie, warum ich Bücher liebe.

Knusperkruste
für meine liebe Mama

Stellen Sie sich vor, Sie würden eine Flaschenpost aus dem Meer ziehen, die zwölf Jahre unterwegs war. Und diese Flasche ist gefüllt mit Fotos. Und auf den Fotos ist Ihre Mutter.

Das ist mir diese Woche passiert – auf meinem iPhone. Das Handy stellt Rückblicke zufällig zusammen, in diesem Fall waren es Bilder mit meiner Mutter.

Meine liebe Mama, schon sehr krank, freute sich über die Torten, die wir für sie an einem schönen Nachmittag gekauft hatten: Schwarzwälder Kirsch, Gedeckter Apfel, Käse. Sie liebte Kuchen. Mein Bruder war dabei und meine damals noch kleinen Söhne sowie meine Lebensgefährtin, die alles fotografierte. Es war unsere letzte Gemeinsamkeit – und unser letzter Dank an sie.

Morgen ist Muttertag. Millionen Kinder ehren ihre Mamas. Ich auch. Und jetzt habe ich noch Fotos, die mir dabei helfen.

Was kommt mir in den Sinn, wenn ich heute an meine Mutter denke, die vor zwölf Jahren verstorben ist: Es ist eine Art bedingungsloser Liebe, da schäme ich mich nicht. Diese Liebe überdauert Streitereien, Ärger, Stress: Alles, was Kinder mit ihren Müttern ebenso erleben. Übrig bleibt der Kern des Lebens, ein Urvertrauen, das es nur zwischen Müttern und ihren Kindern gibt.

Als wir Kinder längst aus dem Haus waren, hat sich unsere Mutter liebevoll um uns gekümmert. Oft tat sie es, indem sie für uns kochte.

Meine Mutter liebte Schweinebraten. Sie hat ihn hundertmal zubereitet. Und jedes Mal, wenn sie ihn machte, war sie bis zur letzten Sekunde aufgeregt und unsicher, ob er gelungen war. Er gelang immer.

Wir haben ihren Schweinebraten mittags mit Klößen gegessen und abends auf Brot. Sie gab mir und meinem Bruder Clemens noch Bratenstullen mit. Er verschenkte manchmal eines dieser Brote an einen Freund, der unserer Mutter ausrichten ließ: *„Die beste Stulle, die ich je gegessen habe!"*

Als ich meinen eigenen kleinen Sohn das erste Mal zur Schule brachte, kamen wir an einem Fleischer vorbei. Der holte gerade frischen Schweinebraten aus dem Ofen. Mein siebenjähriger Sohn sagte: *„Wir müssen Oma unbedingt eine Scheibe mit Knusperkruste vorbeibringen. Das isst sie doch so gerne."*

Leider war keine Zeit mehr, er musste in die Schule. Bis heute bedaure ich, dass wir es nicht trotzdem gemacht haben. Meine Mutter hätte sich so gefreut.

Vielleicht muss man manchmal Konventionen durchbrechen, um anderen etwas Gutes zu tun – das ist meine Lehre aus dieser kleinen Geschichte. Und tun Sie es, solange noch Zeit ist.

Meine Liebeserklärung an Tel Aviv

Tel Aviv ist die Stadt der Jugend. Und wenn man dort ist, fühlt man sich selbst jung. Das gilt auch für mich.

Ich denke in diesen Tagen oft an Tel Aviv, das letzte Mal war ich dort Ende Dezember 2019. Es waren die etwas anderen Weihnachtsferien. Ich wollte meiner Familie zeigen, warum ich Tel Aviv so liebe.

In unserem Apartment gab es einen Raum, der mit einer Stahltür abgeschlossen wurde. Meine Söhne fragten, was das soll. Vor zwei Jahren war Tel Aviv in tiefem Frieden. Anschläge oder Raketenangriffe hatte es lange nicht mehr gegeben. *„In den Safe Room"*, erklärte ich meiner Familie, *„flüchten sich Israelis im Falle eines Raketenangriffs."* Keiner von uns konnte sich so eine Situation vorstellen. Es war alles so friedlich.

Diese herrliche Stadt am Mittelmeer! Sandstrand und Sonne im Dezember. Wir gingen am Wasser entlang nach

Jaffa, dem alten Hafenviertel. Vom ersten Tag an waren wir ein Teil dieser Stadt, wurden behandelt, als würden wir immer schon dort leben.

Die Menschen sind voller Lebensfreude und stecken jeden damit an. Israelis leben in ständiger Bedrohung, aber lassen sich keine Angst anmerken. Ich denke, sie haben auch keine.

In Tel Aviv fühlt man sich sicherer als in den Brennpunkten Berlins. Es laufen auch ständig Soldaten – Frauen und Männer – herum. Die meisten von ihnen in Uniform und mit Waffe – aber sie sind im Urlaub. Soldaten gehören zum Stadtbild. Sie lachen, sind immer freundlich. Man fühlt sich sicher, einfach weil sie da sind. Man möchte ihnen zurufen: *„Danke!"*

Ich liebe das Leben in Tel Aviv, das sich anfühlt, als würde man immer ein neues Abenteuer erleben. Die vielen Cafés, die sich nicht von internationalen Coffee-Shop-Ketten verdrängen lassen. Die kleinen Buchläden mit Erstausgaben von Joseph Roth und Stefan Zweig. Die Restaurants mit arabisch-israelischer Küche, wo man fantastische Gerichte mit den Händen isst. Und das Meer – wie schön ist es gerade im Winter. Als wir in Tel Aviv waren, brummte die Stadt nachts wie ein Bienenstock. Tel Aviv geht nie ins Bett.

An den Lärm muss man sich gewöhnen, jeder schreit, so laut er kann. Übrigens in allen gängigen Sprachen. Die Menschen fragen nicht, was du tust und wie alt du bist. Sie freuen sich einfach nur über dich, und du freust dich mit ihnen.

An diesem Wochenende überfällt mich Wehmut, wenn ich an Tel Aviv denke. Diese unbeschwerte Stadt, die meine Familie und ich vor zwei Jahren kennenlernen durften, gibt es gerade nicht. Die Menschen müssen in Safe Rooms flüchten, wenn sie noch Zeit dazu haben. Ich hoffe, dass die Lebensfreude, die den Israelis angeboren scheint, trotzdem nicht verloren geht. Die Tel Aviver sind es gewohnt mit der Gefahr zu leben, auch wenn es viele friedliche Jahre gab.

Israel ist das erste Land der Welt, das Corona fast vollständig überwunden hat. Gerade als die Menschen das auch feiern wollten, flogen die Raketen. Auch das macht mich traurig.

Für mich und meine Familie steht fest: Wir möchten wieder nach Israel, sobald es möglich ist. In Tel Aviv tankt man mehr Leben als sonst irgendwo. Probieren Sie es doch selbst aus, liebe Leser.

Spätestens zu Weihnachten in Tel Aviv.

Ein Wochenende, das uns Mut macht

Pfingsten ist das Fest des Heiligen Geistes. Wenn man kein Christ ist, kann man wahrscheinlich wenig mit diesem Begriff anfangen. Ich glaube aber, es gibt ihn – den Heiligen Geist. Ich erzähle Ihnen warum. Eine ganz persönliche Geschichte.

Vor einigen Jahren erkrankte mein kleiner Sohn, und zwar schwer. Zweimal im Monat begleiteten meine Frau und ich ihn in eine Kinderklinik in Potsdam, weil er dort mit einem neuen starken Medikament behandelt werden konnte. Es wurde ihm drei Stunden durch die Vene verabreicht, und die Wirkung musste von Ärzten im Krankenhaus kontrolliert werden. Das geschah auf der Station, auf der Kinder mit schweren Krankheiten lagen.

Meist waren die Türen offen, aus den Augenwinkel sah ich Eltern, die sich flüsternd über ihre Kinder beugten. Manchmal kam ich auch ins Gespräch mit ihnen. Es waren Worte wie unter Kollegen, obwohl mein Sohn diese schwere, aber doch heilbare Krankheit hatte.

Alle Eltern, die ich dort traf, wirkten gefasst und sprachen über die Krankheit ihrer Kinder hoffnungsfroh, irgendwie positiv. Und damals dachte ich: Jeder, der hier liegt, hat ein anderes Schicksal, und die Eltern dieser Kinder sind grundverschieden – und gehören trotzdem irgendwie zusammen.

Das ist der Gedanke, den die Christen besonders mit dem Pfingstfest verbinden. Sie nennen es den guten Geist Gottes. Den Geist, der Mut macht, Trost spendet und der uns zusammenführt, wenn die Zeiten schwierig sind.

Ich denke, dass die meisten von uns im Leben schon einmal in eine Situation gekommen sind, in der sie glaubten: Hier hilft jemand. Und niemand weiß, wer es ist: ein Schutzengel, der gute Geist Gottes, eine höhere gütige Macht?

Pfingsten, so finde ich, ist vielleicht die Gelegenheit, über Dinge nachzudenken, die wir nicht einfach erklären können. Pfingsten heißt auch: Jeder von uns ist einmalig, auch wenn die Menschen grundverschieden sind. Wir gehören trotzdem zusammen.

Jedes Mal, wenn ich die Kinderstation verließ, fiel mein Blick auf ein Gedicht, das Schwestern des Hauses an die Außentür geklebt hatten. Ich las es nach jedem Besuch. Ich habe es fotografiert, deshalb lese ich es heute immer wieder mal, obwohl mein Sohn gesund ist und schon lange nicht mehr behandelt werden muss.

> *Ein Kind ist wie*
> *ein Schmetterling im Wind.*
> *Manche fliegen höher als andere,*
> *aber alle fliegen so gut sie können.*
> *Sie sollten nicht*
> *um die Wette fliegen,*
> *denn jeder ist anders,*
> *jeder ist speziell*
> *und jeder ist wunderschön.*

Sind das nicht großartige Pfingstgedanken!

Jeder Tag ein neues Abenteuer

Wird die Welt nach Corona wieder so sein, wie sie mal war? Ich glaube nicht. Aber ist das so schlimm?

Wir Deutsche haben in den letzten Jahrzehnten viele schlechte Erfahrungen gemacht. Hungerjahre nach dem

Zweiten Weltkrieg, Wirtschaftskrisen, Bedrohung durch Terrorismus. Solche Zeiten prägten unser Land. Und sie veränderten auch unsere Welt. Wir haben aus diesen Prüfungen aber immer auch gelernt – und sind gestärkt daraus hervorgegangen, finde ich. Ist der Mensch in großer Not, kann er sich wehren. Je schlimmer die Zeit, desto kraftvoller der Widerstand. *„Wo aber Gefahr ist, wächst das Rettende auch"*, wusste Friedrich Hölderlin.

Wie viel Corona bleibt in der Welt nach Corona? Ich meine damit nicht eine eventuelle Ansteckungsgefahr. Diese mag es auch geben. Ich meine: Das Gefühl der Sicherheit, das wir mal hatten, wird es so nicht mehr geben. Corona hat uns leider gezeigt, wie verletzlich wir sind. Und wie wir jetzt wissen: vor allem auch unsere Kinder.

Aber es gibt auch Dinge, die wir durch Corona wiederentdeckt haben, und die sind durchaus nicht alle schlecht: mehr Zeit mit der Familie, mal wieder in Ruhe lesen, viel Muße für sich selbst. Haben wir uns nicht irgendwie sogar neu gefunden?

Ich will Corona hier nicht schönreden. Es ist und bleibt eine Seuche, die Menschen gefährdet und leider auch sterben lässt. Gestatten Sie mir aber einen gewagten Gedanken: Ist es so schlimm, dass die x-te exotische Reise in fernste Länder zwei Jahre lang nicht möglich war? Wir haben uns wieder auf die kleinen Reisen besonnen. Viele von uns haben ihre Umgebung erkundet und Dinge entdeckt, die sie vorher nicht kannten: Seen, Wälder, Dörfer – unsere Heimat. Wir haben herausgefunden, wie schön sie ist.

Großartig, dass viele von uns wieder in Lokalen draußen sitzen können. Etwas essen, ein Glas Wein, lang ersehnte Gespräche mit Freunden. Wie hat uns das gefehlt! Wir genießen jetzt viel mehr, was früher selbstverständlich war. Und wohl alle hoffen: Möge es nie wieder so werden wie in der Corona-Krise!

Und doch – und das ist das Anliegen meiner kleinen Geschichte – sollten wir vorsichtig bleiben. Wir kennen *„weder Tag noch Stunde"*, wie der Evangelist Matthäus so weise schrieb (Mt 25, Vers 13).

Lassen Sie uns das neue Leben genießen, ohne das alte zu vergessen. Und dann ist jeder Tag ein neues Abenteuer.

Das Lächeln kehrt zurück nach Deutschland

Große Dinge lassen sich oft an kleinen messen: Ich stehe vor dem Supermarkt und will einen Einkaufswagen holen. Neben mir ein Unbekannter. Er sagt: *„Bitte, nach Ihnen."* Ich sage: *„Nein, nach Ihnen."*

Eine sinnlose Konversation beim Einkaufen? Nein, das Zeichen für eine neue Zeit. Schauen Sie in die Augen Ihrer Mitmenschen – viele freundlich, manche strahlend, Aufbruchsstimmung überall. Es ist, als würde ein Motto über Deutschland schweben, das heißt: Schön, dass wir wieder Freunde sind.

Eine mächtige positive Welle überrollt unser Land. Wir lächeln einander an. Gegenseitige Höflichkeit und Respekt bestimmen unseren Alltag, empfinde ich.

Wie anders war das noch vor kurzer Zeit: 59 Prozent der Deutschen fanden die Situation im ersten Lockdown „bedrückend", im zweiten Lockdown (Beginn 1. November 2020) fühlten sich 71 Prozent belastet, fand eine Umfrage der Stiftung Deutsche Depressionshilfe im Februar heraus.

Wie die Stimmung sich aktuell gewandelt hat, ist noch nicht in Zahlen messbar. Aber warum soll man messen, was wir selbst beobachten und beurteilen können? Es ist, wenn ich es mal romantisch sagen darf, als hätten wir die Sonne hereingelassen in unsere Herzen.

Die Menschen sind im Lockdown dünnhäutiger geworden: fast immer zu Hause, keine Freunde, keine Abwechslung. Die Zahl der häuslichen Gewalttaten hatte sich erhöht. Erste Studien berichten von möglicherweise langfristigen psychischen Folgen, vor allem bei Kindern.

Krisen schmieden uns normalerweise zusammen. Wir müssen sie gemeinsam durchstehen. Die Pandemie verlangte das Gegenteil von uns. Wir sollten unseren Mitmenschen nicht zu nahe kommen. Wir mussten in Isolation, kein Kontakt, außer zu engsten Angehörigen.

Wir hatten so lange keine Gemeinschaftserlebnisse – Fußball fast immer ohne Zuschauer (aber wenigstens im Fernsehen). Jetzt aber können wir unsere Sehnsucht nach anderen Menschen wieder mit Leben erfüllen. Im Restaurant geben wir dem Kellner mehr Trinkgeld, wir bedanken uns bei ihm – und der Dank gilt eigentlich all den Dingen, die wir endlich wieder zusammen tun und erleben können. Wir sind eben nichts ohne die anderen. Das wussten schon die großen Denker:

„Wo aber keine Gemeinschaft ist, da kann auch keine Freundschaft sein."
(Platon, ca. 428–348 v. Chr., griechischer Philosoph)

„Man ist nicht bloß ein einzelner Mensch, man gehört einem Ganzen an."
(Theodor Fontane, 1819–1898, Schriftsteller)

Hoffen wir, dass das Lächeln in Deutschland bleibt.

Warum haben wir nie Zeit für das Wichtige?

In diesen Tagen fällt mir eine Gedichtzeile von Hermann Hesse ein: *„Des Lebens Ruf an uns wird niemals enden"*. Das Gedicht heißt „Stufen", und ich finde, wir befinden uns selbst in einer solchen Stufe. Corona ist gefühlt fast vorbei – Gott sei Dank! Wir können wieder machen, reisen, lachen. Wir können uns am Leben erfreuen.

Noch nie, glaube ich, gab es in der Nachkriegszeit einen derart fundamentalen Einschnitt wie den durch Corona. Wir wissen jetzt um unsere Zerbrechlichkeit. Wir sortieren uns nach der Katastrophe neu – oder haben zumindest die Chance dazu.

Was ist wirklich wichtig? Auf was können wir verzichten? Und warum nehmen wir uns nicht die Zeit für das Wichtige im Leben?

Was ich damit meine: Ihr Telefon klingelt, der Anrufer stört Sie, weil Sie eigentlich keine Zeit haben. Sie planen gerade eine Videokonferenz, Sie sind im Supermarkt, Sie essen zu Abend, im Fernsehen läuft Fußball – oder was auch immer.

Der Anrufer kann ein Freund sein, eine Verwandte, Ihre Eltern, ein Enkel. Sie haben keine Ahnung, warum wer anruft – aber es passt eben gerade nicht.

Halt! Wenn Sie die Bilanz Ihres Lebens ziehen, was werden sie tun? Die Videokonferenzen zählen, ob sie dieses oder jenes Fußballspiel im Fernsehen verfolgt haben, wie oft Sie im Supermarkt waren und nicht gestört werden wollten?

Als lebenserfahrener Mensch kann ich für mich sagen: Nein! Wichtig sind oft die Dinge, die man gar nicht erahnt. Ein guter Freund, der Liebeskummer hat; eine alte Schulfreundin, die gerade in der Stadt ist und unsereinen mal wieder sehen will („ist doch schon 20 Jahre her"); die alte Nachbarin, die immer so gerne erzählt; die ehemalige Lehrerin, die kein zu Hause mehr hat und als Obdachlose auf einer Parkbank schläft (und Sie immer anlächelt).

Und auch dies: Als die Telefone noch keine Displays hatten, man also nicht wusste, wer anruft, habe ich mich manchmal bei etwas ertappt, was ich heute bedaure. Es klingelte, und ich dachte: *„Mama, hoffentlich bist du es nicht, ich habe doch gerade keine Zeit."*

Oft war sie es tatsächlich, denn sie lebte allein und wollte einfach mit ihrem Sohn sprechen.

Könnte ich die Zeit nur zurückdrehen! Der letzte Anruf von ihr war vor elf Jahren. Er war kurz. Sie teilte mir mit, dass es ihr schlecht gehe. Ich solle ihr einen Krankenwagen rufen.

Wie gerne würde ich meine Mutter in diesem neuen Freiheitsgefühl nach Corona in ihr Lieblingslokal am Berliner Wannsee einladen. Sie liebte Schnitzel mit Spargel. Und schnitt sich die Spargelspitzen ab, weil sie die besonders mochte. Sie aß sie am Schluss.

Ich hoffe, ich habe mir genug Zeit für dich genommen, Mama.

Ohne Sie, liebe Leser, belehren zu wollen: Nehmen Sie sich bitte Zeit für die wichtigen Dinge im Leben – jederzeit. Ich muss jetzt Schluss machen, das Telefon klingelt. Mein Sohn ist dran.

Heute sind wir alle Strandbad Wannsee

Er war noch nie im Strandbad Wannsee, mein junger Kollege Simon (22) aus Bonn. Er kennt nicht „Pack die Badehose ein", den Sommerhit der 50er von der kleinen Conny, die später die große Schauspielerin Cornelia Froboess wurde. Er kennt nur die Bilder.

Die Bilder, von denen ich spreche, sehen an vielen Orten Deutschlands an diesem Wochenende ähnlich aus. Strände, Wasser, der Duft nach Sonnenöl. Kinder kreischen, aufblasbare Bälle flattern herum. Das Strandbad Wannsee ist wie ein Symbol für alle Strandbäder Deutschlands. Sommer, Sonne, immer gute Laune. Noch nie war ein Wochenende so vollgepackt: die Menschen voller Pläne, Freunde treffen, endlich wieder zusammen sein.

Am Wochenende sind wir alle Strandbad Wannsee. Gestatten Sie mir, dass ich das als Berliner so sage. Ich war da mit dem Käfer Cabrio, in dem die Mutter meines besten Freundes uns hinfuhr. Wir waren 13, mein Freund Leo schmetterte beim Tischtennis, ich verteidigte sechs Meter entfernt. Es machte klack, klack, klack, die Schläger waren aus Kork. War ich stolz, weil uns Mädchen zuschauten.

Pack die Badehose ein,
Nimm dein kleines Schwesterlein
Und dann nischt wie raus nach Wannsee!
Ja, wir radeln wie der Wind
Durch den Grunewald geschwind
Und dann sind wir bald am Wannsee!
Hei, wir tummeln uns im Wasser wie die Fischlein,
das ist fein
Und nur deine kleine Schwestern, nee, die traut
sich nicht hinein!
Pack die Badehose ein,
Nimm dein kleines Schwesterlein
Denn um Acht müssen wir zuhause sein!

So ähnlich geht es Simon auch. „Ich musste mich auf der Website anmelden und darf nur fünf Stunden bleiben. Um 14 Uhr muss ich wieder gehen." Das war damals natürlich anders, wir sind gar nicht aus dem Wasser gekommen.

„Woll'n wir heut ins Kino geh'n und uns mal Tom Mix anseh'n?" Fragte mich der kleine Fritz, ich sprach „Du machst 'n Witz! Schau dir mal den Himmel an, blau so-

weit man sehen kann. Ich fahre an den Wannsee und pfeife auf Tom Mix."

Es ist das Wochenende der Superlative. Temperaturen ganz oben, Corona gefühlt vorbei und natürlich ... Fußball. Aber was für eine Tragödie: Lucas, der neunjährige Sohn meiner Kollegin Anika, liebt Cristiano Ronaldo. Er trägt seine Trikots. Er trägt sie tagsüber. Er trägt sie nachts. Lucas liebt aber auch Deutschland, natürlich! „Ich weiß gar nicht, worauf ich mich mehr freuen soll", sagt er zu seiner Mutter.

Lieber Lucas, möchte ich ihm zurufen, freu dich doch mit uns allen auf tolle, spannende Fußballstunden. Freu dich mit uns auf dieses schöne Wochenende.

Die schöne Zeit, als Kinder noch Indianer sein durften

Mein Held war Sitting Bull. Der alte, weise und mutige Häuptling der Sioux – mit den gütigen Augen und dem entschlossenen Blick. Als ich acht war, schenkten mir meine Eltern den Federschmuck von ihm (stand jedenfalls drauf), der bis zu meinen Hüften ging, was bei einem Achtjährigen nicht viel heißt. Mir aber kam die Kopfbedeckung riesig vor.

Sitting Bull musste immer gewinnen. Er war der gute Indianer, es gab natürlich auch viele böse. Das waren die, die in den Cowboyfilmen laute Rufe („hugh, hugh!")

ausstießen und sich mit der flachen Hand auf den Mund schlugen, um danach harmlose Siedler anzugreifen und deren Haar abschnitten, den Skalp.

Das war natürlich historisch gesehen zweifelhaft – wie meine Heldenverehrung für Sitting Bull auch, der im wahren Leben oft brutal und unberechenbar war. Aber das war mir damals völlig egal. Wir lasen Karl May mit lauter falschen Indianern, von einem Sachsen geschrieben, der nie auch nur in ihrer Nähe gewesen war.

Zu Faschingsfesten trug ich jahrelang tapfer und stolz meinen Sitting-Bull-Kopfschmuck. Aber weil ich als Indianer in der Minderheit war, machten mich die vielen Cowboys regelmäßig nieder.

Warum ich das erzähle? Bei allem Streit über die deutsche Sprache – von Sternchen bis Sprechpause: Dass man jetzt nicht mehr „Indianer" sagen darf, ist für mich ein besonderer Irrsinn. Die sogenannte „Woke"-Bewegung, also einige Menschen, die sich für besonders aufgeklärt und fortschrittlich halten, fordern statt „Indianer" das Wort „Indigene".

Da sehe ich kleine Jungen und Mädchen in unseren Kitas spielen und höre sie rufen: *„Versteck dich, du Indigener!"* Und die Squaws – so nannte man Indianerfrauen in meiner Jugend – verstecken sich gleich mit. Und die kleinen Cow-Menschen (es könnten ja nicht nur Boys sein), jagen ihnen hinterher.

Wenn es nicht so ernst wäre, müsste man eigentlich über diesen Sprachmüll lachen. Millionen von Kindern (meine übrigens auch) waren Cowboys und Indianer. Niemand von ihnen wollte und will Indianer beleidigen und ihnen das Recht auf ihre eigene Geschichte nehmen. Verbrechen – an wem auch immer – müssen aufgeklärt werden, natürlich!

Aber hört auf, unsere Kinder zu belehren und nehmt ihnen nicht den Spaß an harmlosen Spielen. Sie wollen Astronauten sein, Feuerwehrleute – oder eben Indianer.

„Indianer kennen keinen Schmerz", *„Indianer-Ehrenwort"* – diese Begriffe zeugen in unserem Sprachschatz von großem Respekt. Wenn man uns jetzt verbietet, „Indianer" zu sagen, nimmt man den Indianern auch ein Stück ihrer Ehre.

Zu Hause ist, wo das Herz wohnt

Es gibt Sätze, die einen faszinieren, zum Nachdenken bringen, ja, fast anspringen. So einen habe ich diese Woche gefunden. Er lautet: *„Zu Hause ist dort, wo das Herz wohnt"*, ist der Slogan einer Werbung für Immobilien.

Wie gut passt dieser Satz in unsere Zeit! War es nicht zeitweise fast eine Qual, zu Hause sein zu müssen? Ich rede von Corona-Homeoffice, von Lockdown-Ausgangsbeschränkungen, von geschlossenen Geschäften, Restaurants, Cafés, von Verboten, sich mit Freunden zu treffen. Die Wohnung war von außen und von innen irgendwie verbarrikadiert. Wie soll man etwas schön finden, wenn man zum Zu-Hause-Bleiben verurteilt ist?

Jetzt plötzlich ist alles anders. Wir haben die Freiheit genossen zu tun, wovon wir immer geträumt hatten: bloß raus, Leute sehen, baden, ein Glas Wein mit Freunden trinken. Viele haben die neuen Freiheiten genutzt, als wäre es das letzte Mal. Sie haben alles reingepresst, was möglich war. Früher teilte man sich seine Freizeit ein: Sport, Essen gehen, Familienbesuche. Aber weil man alles plötzlich wieder machen konnte, kam auch schnell eine Art Überdruss. Freiheit in winzigen Portionen – wie einfach war das. Die neue Freiheit ist unser Zuhause, dort nämlich, wo das Herz wohnt.

Ich genieße meine Wohnung wie lange nicht mehr. Wo ich noch vor wenigen Wochen lustlos entlang schlurfte, weil ich ja nichts anderes tun konnte, entdecke ich plötzlich, was immer schon da war: die schönen Kupferstiche mit Papageienmotiven, die Handzeichnungen mit Tusche aus der Toskana, das kleine Foto meiner Söhne, auf dem sie winzig sind und Hand in Hand durch die Welt stolpern. Wie schön war das – und wie lange ist das her. Das kleine Foto aber, das ich jetzt wieder neu betrachte, hat die Zeit eingefroren.

So wie uns heute muss es einst Johann Wolfgang von Goethe gegangen sein. Er hat formuliert, was ein Normalsterblicher so kurz und präzise nicht sagen kann:

„Willst du immer weiter schweifen?
Sieh, das Gute liegt so nah.
Lerne nur das Glück ergreifen,
Denn das Glück ist immer da."

Keine Angst vor neuen Menschen!

Das ganze Jahr sehen wir immer die gleichen Gesichter: im Büro die Kollegen, die Nachbarn, im Supermarkt kennen wir alle Verkäuferinnen. Plötzlich ist alles anders – Sie haben Urlaub und um sich herum lauter neue Menschen.

Was hatte ich schon für verrückte Begegnungen! Im Flugzeug neben mir ein Mann, der nicht aufblickte, weil er in eine Zeitschrift vertieft war. Darin, das sah ich aus meinen Augenwinkeln, Abbildungen von Armbanduhren: Hunderte auf Hunderten von Seiten.

„Was ist denn daran so interessant?", fragte ich ihn. Ein etwas mitleidiger Blick, dann: *„Ich bin Auktionator für mechanische Uhren. Sie sind die Krönung des Uhrmacherhandwerks."* Dann deutete er auf eine A. Lange & Söhne aus dem sächsischen Glashütte. *„Sehen Sie den ewigen Kalender?"*, fragte er mich. *„Er zeigt Tag, Datum, Monat, Mondphase und Jahr ohne Korrektur an – und das fehlerfrei bis zum Jahr 2100. Ist das nicht ein Wunder?"*

Ein anderes Mal traf ich eine Dame, die Violinistin in einem berühmten Sinfonieorchester war. „Was treibt Sie an?", wollte ich wissen. Sie: „In den schönsten Augenblicken Transzendenz fühlen." „Was heißt das?" Ihre Antwort: „Ein Glücksmoment, den alle auf wundersame Weise gleichzeitig empfinden."

Es gibt aber auch Begegnungen, an die ich nicht so gern zurückdenke. Einmal lernte ich einen Metzgermeister aus dem Elsass kennen, er sprach Deutsch. Er erzählte mir, dass er bei jedem Stück Fleisch, das auf unseren Tisch kommt, genaue wisse, woher es stamme und wie gut und wie schlecht es sei. Dann nannte er mir ein paar Beispiele. Ich entschuldigte mich und suchte mir einen anderen Tisch.

Öffnen Sie Ihre Augen und Ihre Ohren im Urlaub – und Sie können ganz viel Neues erleben. Natürlich weiß ich: Manchmal muss man sich durcharbeiten, ja durchwühlen. Allzu oft schwatzen Menschen, weil sie sich langweilen. Das hat wohl jeder bei einem Cluburlaub in einem Speisesaal schon erlebt. „Viel Lärm um nichts", heißt es bei Shakespeare.

Manche fühlen sich in großen Runden wohl, andere ziehen sich zurück und lesen das Buch, das sie schon so lange lesen wollten. Meine Erfahrung: Vergeben Sie nicht die Chance, neue spannende Menschen zu treffen.

Die schönsten Geschichten schreibt das Leben.

Ein Gesamtverzeichnis der lieferbaren Titel schicken wir Ihnen
gerne zu. Bitte senden Sie eine E-Mail mit Ihrer Adresse an:
vertrieb@koehler-books.de

Sie finden uns auch im Internet unter: www.koehler-books.de

Bibliografische Information der Deutschen Nationalbibliothek
Die Deutsche Nationalbibliothek verzeichnet diese Publikation in
der Deutschen Nationalbibliografie; detaillierte bibliografische
Daten sind im Internet über https://portal.dnb.de abrufbar.

ISBN 978-3-7822-1501-5

© 2021 by Koehler im Maximilian Verlag GmbH & Co. KG
Ein Unternehmen der TAMMMEDIA
Alle Rechte vorbehalten.

Texte: Louis Hagen
Cover Foto: © Wolf Lux
Covergestaltung: Siegmar Förster
Layout: Fred Münzmaier
Druck: Plump Druck & Medien GmbH, Rheinbreitbach